JN224587

トランプは
習近平に
勝てるのか

遠藤 誉 Homare Endo

米中新産業WAR?

U.S.-China New Industrial War

ビジネス社

第二章 世界シェアの90％を超える中国の新エネルギー発電

第三章 世界の64％を占める中国製ＥＶ

第四章 世界シェアの90％をいく中国のドローン

第五章 アメリカの５００倍の生産力を持ち、新エネルギー船で勝負に出た中国造船業

第六章 研究人材でも世界トップをいく中国

第七章 アメリカの制裁が強化される中、なぜ中国の半導体は成長したのか

終章 習近平とトランプとイーロン・マスクと

序章

アメリカは中国の製造業に勝てるのか?

アメリカの黄金時代がいま始まる――。

2025年アメリカ時間1月20日、ドナルド・トランプ大統領は就任式で高らかに述べた。そして「アメリカは再び製造大国」となり、「火星に星条旗を掲げる」と誓い、そのために「石油を掘って掘って掘りまくるのだ」と声を強めた。

しかしアメリカは中国の製造業に勝てるのだろうか？　どれだけの差がついてしまっているか、トランプは現実を認識しているだろうか？

たしかに1980年代までは、アメリカはまだ世界の産業覇権国だった。しかし1989年6月4日の天安門事件で日本が西側先進諸国による対中経済封鎖を解除すると、アメリカを筆頭とする西側諸国は、われ先にと争って巨大な中国市場に突進していった。

特に1991年末に旧ソ連を崩壊に導いたアメリカは、それまでの二極化した冷戦構造から一気に米一極化を手に入れた。その上で世界全体を采配下に置いてアメリカに奉仕させる形の経済グローバリゼーションを進めていったのである。世界の一体化は、アメリカにとっての「巨大なサプライチェーン」を形成するに等しく、中国はその中で「組み立て工場」の役割を担い、2010年には製造業においてアメリカを超え、「世界の工場」化していった。

このままでは中国は「組み立て工場国家」として永遠に発展途上国から抜け出すことができない。そう決意した習近平が2015年に発表したのがハイテク国家戦略**「中国製造2025」**

だ。２０１２年11月に中国共産党総書記に選ばれた瞬間から諮問委員会を立ち上げ、何としても２０２５年までには各ハイテク分野において一定の目標値まで達成させることを目指した（参照：拙著『「中国製造２０２５」の衝撃　習近平はいま何を目論んでいるのか』）。各分野は多岐にわたって細分化し、それぞれに達成目標が明記してあった。

一方、２０１６年11月に、ラストベルトが生んだ「低学歴で貧しい白人たち」を味方につけて大統領に当選したトランプは、２０１７年末に「中国製造２０２５」の「脅威」を知るに至り、２０１８年から激しい対中制裁と高関税をかけた輸出入規制を実施し始めた。

そこで習近平は「中国製造２０２５」という言葉を表に出さないようになり、〝秘かに〟中国の「ハイテク国家戦略」を進めてきたのである。制裁を避けるために新技術の進捗状況さえ発表しない慎重ぶりだ。その結果、気がつけば「宇宙開発、ＥＶ（電気自動車）、車載電池、造船、大型機械、（太陽光などの）クリーン・エネルギー、ドローン」など数多くの「新産業分野」で、中国は世界トップの座を占めるようになっている。

ここで言う「新産業」こそは、習近平が「中国製造２０２５」で国家目標とした分野である。その精神は**「西側諸国と同じスタートラインに立てるハイテク分野」**にある。たとえばガソリン自動車などは西側先進諸国が百年以上も前から手をつけてきた分野なので競争対象にしない。その代わりＥＶや太陽光パネルといった新エネルギー分野などを「新産業」と称して、それらの分野に思いきり力を注いでいる。宇宙開発に重点を置くのも、**「地球は西側先進諸国が先に植民地支配により手をつけてしまったが、宇宙は人類未踏の分野が多く、同じスタートラインに立てる」**という考えを持っているからだ。

しかし半導体エリアになると、少々やっかいなことになっている。西側諸国が先に着手しているからだ。自国産を増やそうとしたがアメリカに阻止され目標達成にはいま一歩だ。ところが**AI（人工知能）なら西側諸国と同じスタートラインに立てる**。アメリカによる非常に厳しい対中輸出規制の中、習近平はそれを逆手に取った。2025年1月20日、中国のAI企業ディープシーク（DeepSeek）がアメリカのオープンAIを超えるような対話型生成AIを生み出し、いま地球上でAI革命をもたらそうとしている。非常に安価で高効率のディープシークのR1モデルがオープンAIのチャットGPTを超える勢いだ。

2025年、「中国製造2025」の最終回答を出さなければならない。それは前述の「新産業分野」における中国の独走という形で回答を示しつつある。

中国の新産業における成長には、大きく分けて以下の三つの要素がある。

- 「中国製造2025」に基づく中国政府の政策により成長した産業
- アメリカに制裁を受けたがゆえに逆に成長した産業
- イーロン・マスクの参入により市場原理で成長した産業

いずれの場合も、そこには「人間」がいて、その思いが奇跡的成長を生んでいることを発見した。日本が失った起業家精神の、葛藤と躍動感とダイナミズムがそこには息づいている。

習近平は「2025年」までに達成させた目標値をさらに拡大させ、中国建国80周年である2029年までに、ほぼ完全に「中国国内だけでサプライチェーンを完結する」ことを目標にしている。中国には江沢民（こうたくみん）政権時代に生んだ〝底なしの腐敗〟と胡錦濤（こきんとう）政権時代に招いた〝不動産産業〟という「負の遺産」がある。その後始末をしながら、習近平は次の目標に向かって進んでいるのだ。

アメリカが長年にわたって空洞化させてきた製造業を取り戻せるのか否かに関しては、以下に示す図表1から図表4をご覧になると、自ずと解答が出てくるかもしれない。

まず図表1から何が見えるかを考察してみよう。

前述したように、1989年から1992年にかけて、アメリカは中国をグローバリゼーションによるサプライチェーンの中の「工場」として位置づけるようになった。したがってアメリカ自身が製造業に携わることはなく、製造は中国にやらせて、アメリカ企業は自社の工場を「丸ごと」中国に投げ込んでしまったのである。

その代わりにアメリカは何をやり始めたかというと、「金融業」に特化することだった。旧ソ連が崩壊すると、冷戦時代にロケット工学に応用していた流体力学に従事していたアメリカ

図表1
アメリカ製造業・金融等部門のGDPに占める割合の推移

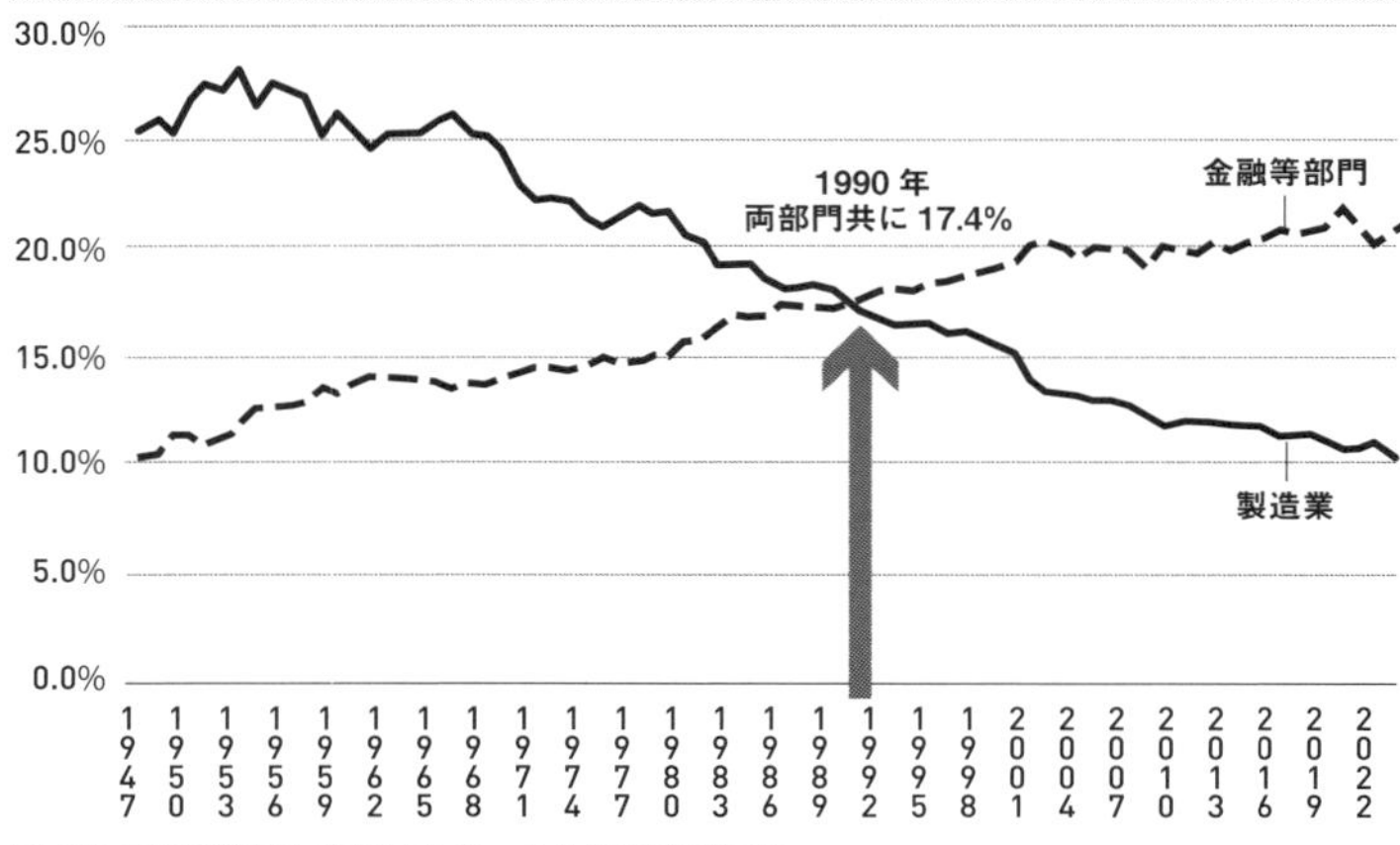

アメリカ商務省経済分析局のデータを基に筆者作成

図表2 アメリカ製造業・金融等部門の雇用者数の規模推移（対全非農業部門雇用者数、2024年は11月までの平均値）

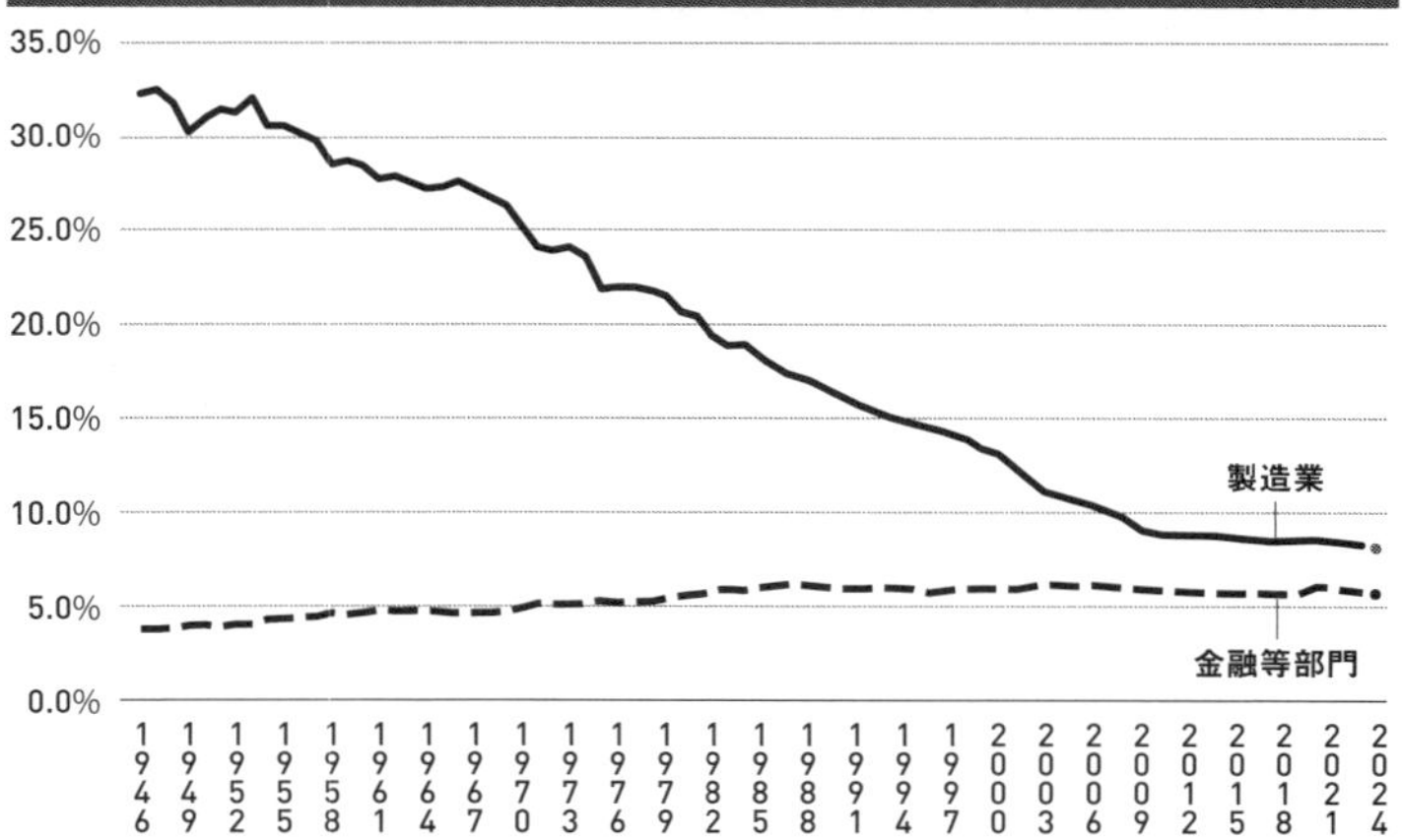

アメリカ労働統計局のデータを基に筆者作成

の学者たちのほとんどが「金融の流れ」にその原理を応用する研究を始めるようになった。そのため「金融工学」が突然、発達するようになったのだ。筆者は当時、理論物理学の統計物理学というエリアで研究をしていたので、それと重なる部分のある流体力学研究者がつぎつぎと金融や交通量計測などに移っていったのを経験している。

こうしてアメリカは米ドル覇権を強化させたのである。ドル紙幣を印刷して「輸出」するだけで、他国がアメリカ国民の消費のために製品を提供するという構図が、グローバリゼーションのサプライチェーンの中でできあがっていった。

製造業がアメリカのＧＤＰに寄与する割合は１９９２年を境に急激に下がっている。事実、従業員も製造業従事者が激減しているので、それを図表２に示す。

これが「低学歴で貧乏な白人層」を生んだ元凶だ。

製造業に従事する労働者が激減したのに対して、金融関係に従事する人数は特には増えていないことは注目に値する。これは一部のエリート富裕層がウォール街で金融の流れをチョコッと操作するだけで、巨万の富が極少数の富裕層のポケットに入っていく現実を反映している。トランプ１・０が誕生する前のオバマ政権時に「We are the 99%（私たちは99％だ）！」というプラカードを掲げてウォール街で激しいデモを展開する人々の姿が世界に大きく報じられた。それはアメリカ国民の「１％」のエリートだけが富を増やしていることへの不平等を叫ぶデモだった。その1％は金融の街、ウォール街で儲けたエリートを指している。

第五章をご覧いただくとわかるように、アメリカでは造船業が衰退し、造船業に従事するエンジニア自体がいなくなってしまい、やむなくゴミ清掃車製造業務に従事していた人を造船に回しているくらいだ。それもいくらトレーニングしても離職率が高く、同様の状況が宇宙船製造にまで影響を及ぼしている。イーロン・マスクのスペースXに頼るしかない。

では中国はどうだろうか？

図表3に示すように、現在、中国の製造業の世界シェアは35％で、世界トップを独走している。2023年にOECD（経済協力開発機構）が発表した「2020年のデータ」に基づいて作成した。最新のデータとしてはこれしかない。いつ頃からこんなことになったのかを、製造業付加価値（売上高から外部からの購入価格を引いたもの）で描いたのが図表4だ。これは世界銀行が発表した2022年までのデータで、2023年のデータはまだそろっていないようである。

図表4を見ると、2010年から中国の製造業付加価値がアメリカを凌駕（りょうが）したことがわかる。念のため日本の推移もプロットしたが、とても中国に追いつきそうにはない。

しかも新産業のほとんどのエリアで中国が抜きん出て世界トップを走っているので、追いつ

図表3　世界製造業における各国の割合

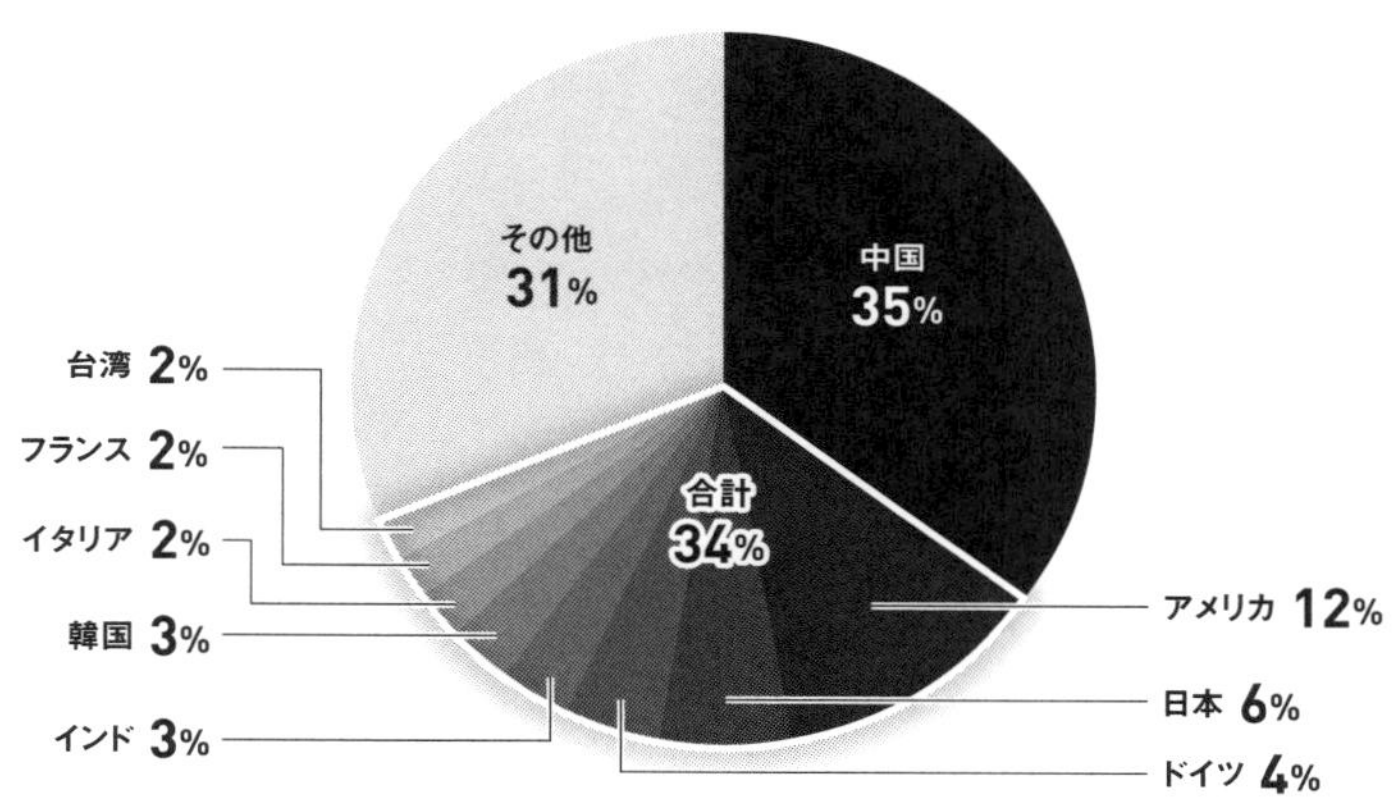

OECDのデータに基づき筆者作成

図表4　米中日製造業付加価値額の推移

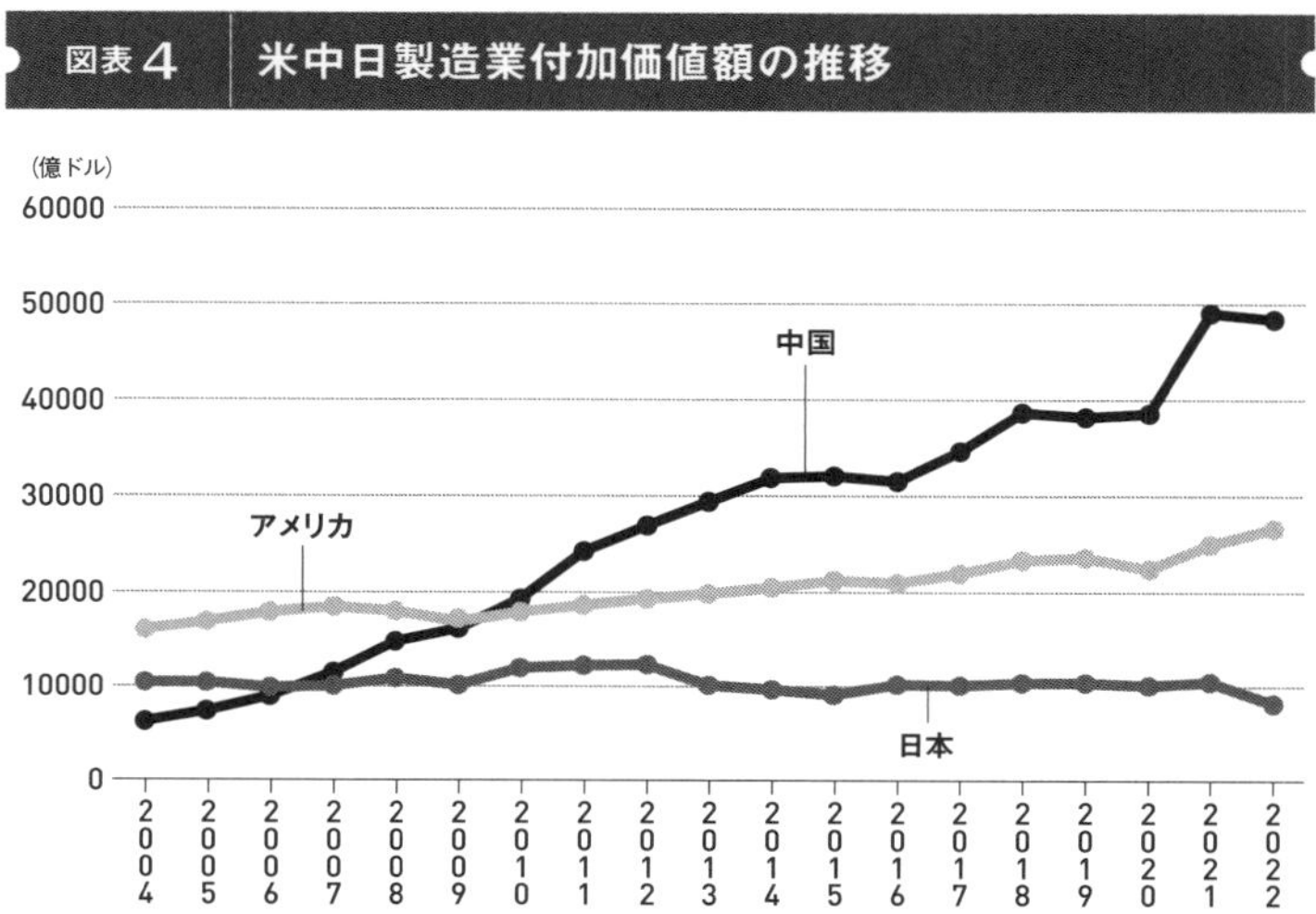

世界銀行のデータに基づき筆者作成

くのは困難だろう。アメリカが制裁をかければかけるほど、中国は独自のサプライチェーンを確立して、グローバルサウスを含めた全人類の85%を占める非米陣営を抱き込みながら、「米陣営なしのサプライチェーン」を完結させるにちがいない。

不動産業など、江沢民政権や胡錦濤政権が残した「負の遺産」だけを見て、「習近平は経済に疎く、中国経済を崩壊に導いている」という話を聞くのが大好きな一部の日本人には「見たくない、不愉快な現実」だろうが、これが世界の統計が客観的に突きつけている現実だ。習近平は六大国有銀行の自己資本率を「13%~19%」と非常に高く維持させているので、日本人が期待するような金融崩壊は、よほどのことがない限り起きない。

いま日本人に緊急に必要なのは、本書で示したデータを考察する勇気を持ち、日本が「どこにいるのか」に気づくことではないだろうか。これが人類の未来を運命づける「新産業の実態」だ。イデオロギーと関係なく、誰もこの恐ろしい現実から逃れることはできない。

ならば、日本人はどうすべきなのか、日本に何ができるのか——。

微力ながら本書がそれをともに考えていくための一助になれば、この上ない幸いである。

第一章

ゲーム・チェンジを招く中国の宇宙開発
——宇宙のエネルギー資源を先取りせよ！

一、人類初、「月の裏側」開発の狙いは核融合エネルギー

２０２４年6月25日、中国の月探査機「嫦娥6号」が人類で初めて月の裏側にある土や岩石などのサンプルを回収して地球上に戻ってきた。月の裏側に着陸すること自体至難のわざなのだが、中国は２０１９年1月３日にも月の裏側の軟着陸に成功している。

なぜ「月の裏側」に行くのが大変かというと、月は地球の周りを公転していると同時に月自身も自転しており、周期・方向ともに同じなので、月はいつも同じ面を地球に向けているからだ。地球に向けている月の面を「表」とするならば、その「裏側」というのは、地球からは永遠に見えない。ということは、月自体に遮られて、地球から発信した電波は「月の裏側には届かない」のである。その問題を人類は解決することができなかった。

ところが中国が「月の裏側に電波が届く方法」を試み、成功したのである。

それはラグランジュ点「L_2」に中継衛星を打ち当てる方法だ。

地球と月は十分に重い質量を持っているので、宇宙空間における二つの天体「二体問題」として扱うことができる。その「二体」に重力や遠心力などによる相互作用が働き、月が地球の周りを公転する軌道を計算することができる。

その付近に「第三の物体（天体）」があって同等の質量を持っているときは「三体問題」として軌道計算しなければならない。だが、もし「第三の物体」が地球や月とはレベルが違うほど軽量である場合には、地球と月の間の「特定の点」において引力も排斥力も何も働かない（引力が相殺される）「特異な点」が存在する。そのルールを発見したのが有名な数学者であり、物理学者、天文学者でもあるフランスのジョゼフ＝ルイ・ラグランジュ（フランス人、1736～1813年）だ。なので、その「特異な点」を「ラグランジュ点」と呼ぶようになった。

かつて理論物理学の研究をしていた筆者は、ラグランジュ方程式を解くのが大好きで、ラプラス変換などとともにラグランジュが導く解析力学に強く惚（ほ）れ込んだものだ。したがってラグランジュ点にはこだわりがある。

図表1-1に示すのは、「地球—月」系列に存在する五つの「ラグランジュ点」（L_1～L_5）だ。このラグランジュ点のうち、もし「L_2」のエリアに中継衛星を打ち当てることができれば、その中継衛星に地球から電波を発信し、その電波を月の裏側に反射させることができる。そうすれば地球から月の裏側のコントロールができるようになるわけである。「地球—L_1—月—L_2」はほぼ一直線上にあるので、L_2にある一定のエリアのギリギリ上方に当てれば、L_2が月によって遮られることがない。

中国の凄いところは、この「ラグランジュ点L_2」エリア内のやや上方にピタリと中継衛星

図表1-1　地球と月の周りにあるラグランジュ点

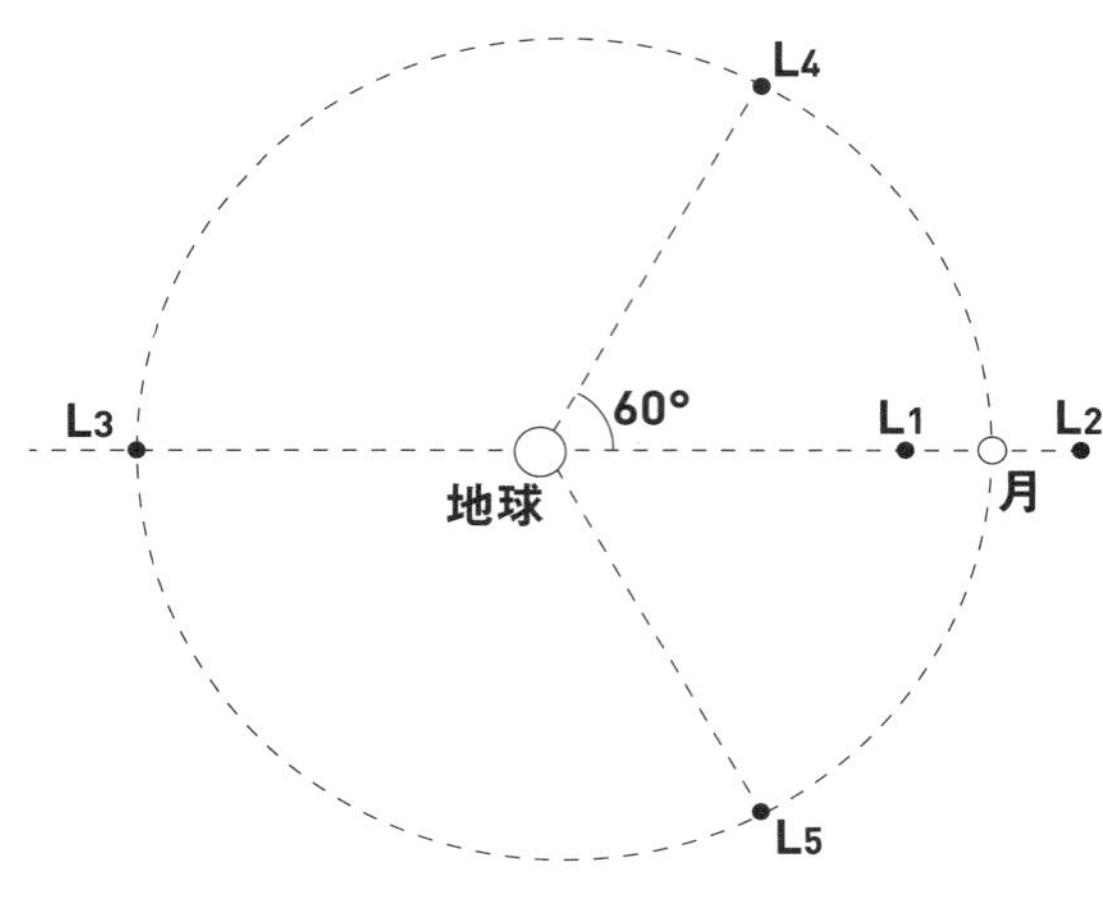

筆者作成

「鵲橋（じゃっきょう）」を打ち当てたことだ。かつて旧ソ連もアメリカのアポロ計画も試みたことはあるが、すべて失敗している。

ラグランジュ点では質量はなく「平衡点」でしかないので、「鵲橋」は「ラグランジュ点L2」に留まっている。このため連続的に信号を「鵲橋」に送ることができ、その中継衛星からの反射によって月探査機をコントロールし、月の裏側の目的地に軟着陸させることができる。

2018年5月21日に中継衛星「鵲橋」は「長征4号Cロケット」に搭載され、四川省にある西昌衛星発射センターから打ち上げられた。さまざまなテストをくり返した後の2018年12月8日に、同じく西昌人工衛星発射センターから運搬用ロケットである「長征

3号乙」によって月面探査機「嫦娥4号」を打ち上げた。「嫦娥4号」は「鵲橋」を使って2019年1月3日に月の裏側に軟着陸した。打ち上げから26日かかったことになる。

これらの計画は「中国製造2025」とともに提出された「2016中国宇宙白書」に則(のっと)って実行されたものであり、中国は着々と月面基地を創ることに向けて動いてきた。

中国の国家航天局（宇宙局）は、嫦娥4号の使命として以下の二つがあると述べている。

1．月・中継通信衛星を発射することによって、世界で最初の「地球と月」の「ラグランジュ点L2」における測定と中継通信を試みること。

2．月の裏側軟着陸機や「ローバー」の実験をすること（筆者注：「ローバー」というのは、月面を動き回る車のことで、軟着陸に成功したとしても、一カ所にいたのでは観測範囲が限られる。まだ無人探査機なので宇宙飛行士が月面を歩き回る段階ではない。そこで中国語では「巡視器」と呼ばれているローバーを用いて、中性子輻射量などさまざまな観測をする）。

オランダ、ドイツ、スウェーデン、サウジアラビアなどが、この探査実験に参加している。

さて、「嫦娥6号」を月の裏側に軟着陸させるために、2024年3月20日に、一段と性能を高めた中継衛星「鵲橋2号」が運搬用ロケット「長征8号遥3」によって海南省にある文昌航天発射場から打ち上げられた。「嫦娥6号」は2024年5月3日に打ち上げられ、6月2日に月の裏側に軟着陸し、6月25日に1935・3グラムのサンプルを地球に持ち帰った。月面着地点は、月の南極に近い裏側で、そこは水資源などがある可能性がある。中国はいずれ月面に基地を建設することを考えているので、「月」に向かって着々と開発を進めている。

なお嫦娥6号には欧州宇宙機関やパキスタンなどの設備を搭載している。「嫦娥」の活動を、過去の活動歴と将来の計画も含めて一覧表にすると、図表1-2のようになる。図表1-2で言うところの「資源」には「ヘリウム3（^{3}He）、水、レアメタル、酸素、水素、レゴリス（砂）」などがあるが、何よりも重要なのは「ヘリウム3」と「水」だ。

月の裏側には豊富なヘリウム3がある。太陽で起こった核融合反応の生成物の一部であるヘリウム3が太陽風に乗って月面に吹きつけられ、そのうちの100万トンほどが月の土壌表面に捕獲されていると言われている。もし核融合反応として使えるようになれば、ほぼ1000年分のエネルギー提供が可能になる分量に相当するとも言われている。

そのため中国ではいずれかの日に、これを地球に大量に持ち帰って核融合発電のエネルギーとして使う計画が早くから進んでいた。しかし今ではむしろ月面に実験基地を建設して、月面でエネルギーを得ることができるようにしようという計画も同時進行している。

中国の核融合研究は欧米よりも遅くスタートしているが、安徽(あんき)省合肥(ごうひ)市にある中国政府のアカデミー中国科学院の合肥物質科学研究院が2018年11月12日、同研究所の核融合装置で中国初の「人工太陽」が完成したと中国政府系メディアが報じた。「人工太陽」が完成したとい

図表1-2 「嫦娥」の活動歴と将来計画

2007年	嫦娥1号が月を周回。
2010年	嫦娥2号が低軌道で月を周回。
2013年	嫦娥3号が月の表側に軟着陸。
2019年	2018年に中継通信衛星「鵲橋」を発射したのち、嫦娥4号が月の裏側に軟着陸。裏側に着陸したのは人類史上初。
2020年	嫦娥5号が月の表側に軟着陸し、サンプルを回収。
2024年	「鵲橋2」を発射したのち、嫦娥6号が月の裏側に軟着陸し、サンプルを回収。月の裏側のサンプル回収は人類史上初。
2026年	嫦娥7号打ち上げ予定。月の南極付近の裏側に軟着陸し資源調査。
2029年	嫦娥8号打ち上げ予定。月の南極付近の裏側に軟着陸し、月面基地建設のための月面における資源利用実験を月の裏側で行なう。

筆者作成

うことは、原子核と電子が飛び回るプラズマの電子温度を1億度以上に加熱することに成功したということだ。

核融合発電は安全性が高く、高レベル放射性廃棄物も排出しないため、現在の核分裂反応を利用した原子力発電（原発）に代わる夢のエネルギーと位置付けられている。実用化までにはさまざまな実験が必要とされるが、中国は商業化に向けて本気で突き進んでいる。月面探査機の軟着陸成功も、この「人工太陽」とタイアップして行なわれたものである。

中国の月面探査に関しては、実はもっと驚くべきことがある。

「国際月面研究ステーション」計画というものが進んでいることだ。2024年7月4日にカザフスタンのアスタナで開催された上海協力機構サミットで、習近平は「どうか、より多くの国が国際月面研究ステーションに参加するよう望みます」と呼びかけた。

これはもともと2016年に中国の国家宇宙局が提唱したもので、今では中国とロシアが中心になって月面に「研究ステーション」を建設することを主導している。欧州宇宙機関も参画するなど、さまざまな経緯を経ながら2024年6月12日にプーチン大統領が署名して成立した。現在参加国は「中国、ロシア、ベネズエラ、パキスタン、アラブ首長国連邦、南アフリカ、アゼルバイジャン、ベラルーシ、ニカラグア、エジプト、タイ、セルビア、カザフスタン、セネガル」など以外にも「アジア太平洋宇宙協力機構、国際月観測協会、ｎａｎｏＳＰＡＣＥＡＧ、タイ国立天文研究所、天文学と宇宙科学のためのアラブ連合」など13の加盟機関がある。

中国政府の通信社である新華社通信によると、中国とロシアの国際月面研究ステーションの合意には、「月探査と利用、基礎研究実験、技術試験実施」などが基本にあり、２０３５年から２０４０年の間に月面研究ステーションの建設を完了する予定だとのこと。そのため中国では特に超重量設備を運べるロケット建設にも力を入れている。

二、中国はすでに火星に五星紅旗をはためかせた？

トランプは大統領就任式で「火星に星条旗を掲げる」と誓った。それは「どの国にもできなかったことをする」という意味合いをもって世界に受け止められたかもしれない。

しかし中国は実は２０２１年５月15日に火星で「五星紅旗」を「はためかせて」いる。

前述したように中国は月面ステーションを拠点として、深宇宙（月面よりも地球からさらに離れた天体）探査計画を進めている最中だ。そこで２０２１年５月15日には火星探査車「祝融号」を搭載した天問１号着陸機が火星に着陸した。着陸後、天問１号はまず形状記憶ポリマーに固定されたポリイミドで作られた中国国旗「五星紅旗」を機体からぶら下げ、「たなびかせた」のである。中国ではこの状況を「迎風飄揚」と表現し、中国がまちがいなく火星に着陸して五星紅旗を「はためかせた証し」として公開した。

図表1-3に示したのは5月22日の写真で、右にあるのが祝融号を搭載していた天問1号で、左にあるのが天問1号から出した右端のスロープから降りた祝融号だ。祝融号が自撮りした写真が北京の基地局に送られ、これをもって「火星における中国の足跡」とした。

トランプの「火星に星条旗を掲げる」は、図表１-４のような形を指しているものと推測できる。図表1-4は1969年7月20日にアメリカのアポロ11号が月に着陸したときに月面に「挿した」星条旗だ。月の表面はほぼ真空状態なので「挿した状態をしばらくは維持する」ことが可能だからトランプはｐｌａｎｔという言葉で表現したのだろう。

しかし火星表面には二酸化炭素が約95％の大気があり、砂嵐が発生しやすく風速が時速97㎞に達することもある。たとえ挿したとしても、一瞬で吹き飛ばされるか砂に埋もれてしまう。

事実、祝融号は2022年12月頃には発信が途絶えた。砂に埋もれたためだろうと、火星探査総設計師が説明している。地面に挿してないため、天問1号の五星紅旗は1年半以上火星表面上で爆風を受けて「はためき」、今も砂に埋もれながらも五星紅旗は中国の火星探査機と探査車にしっかりとくっついているにちがいない。

火星の気象状況などを考えると星条旗もｐｌａｎｔした瞬間を写真に収めるだけになりそうだ。もっともトランプは就任演説で「火星に宇宙飛行士を送って星条旗をｐｌａｎｔする」と言っているので、中国とアメリカのどちらが先に有人飛行で火星に着陸するか、また着陸したあと火星探査機から火星上に降り立つことができるか、その競争になるだろうか？

1970年代から旧ソ連やアメリカなどの探査機が火星に何度か着陸はしているものの、アメリカの探査機は2020年で止まっている。本章で後述するアメリカ主導の国際宇宙ステーションの「地球上に宇宙飛行士が戻れない」という惨状と、中国の（天宮）宇宙ステーション

図表1-3　火星に降り立ち五星紅旗をたなびかせる中国の天問1号と祝融号

中国国家航天局（宇宙局）の写真に筆者が日本文字を加筆

図表1-4　アポロ11号が月表面に星条旗を挿した写真

出典：NASA

の機能を比較すると、自ずと解答が出てくるのではないかと思われる。特に月の裏側の開発状況を比較するとなおさらかもしれない。

中国はいま木星の探査計画に入っており、これらは国際月面研究ステーションを拠点としてくり広げられることになるだろう。

さらに2024年8月22日になると、決定的なことが起きた。

図表1-2の2020年の欄にある嫦娥5号が回収した土壌から、大量の水を生成する方法に中国は成功したのである。嫦娥5号が回収した土壌なら、「月の表側」の土壌ということになる。しかし月の表だろうと裏だろうと、「国際月面研究ステーション」を建造しようとしている中国にとって、「月の土壌から水が生成できる」という発見はとてつもなく大きな出来事だと言えよう。もちろん人類にとっても初めての発見なので、宇宙開発の新たな一歩を踏み出したとも言える。

三、中国の軍民融合による巨大な宇宙開発組織図

中国が宇宙に目を向ける理由は大きく分けると二つある。

一つ目は、「地球」は早くから西側諸国によって支配され、特に清王朝の怠惰によりアヘン

戦争以来中国は西側列強諸国の植民地と化した。その「挽回」には相当の時間がかかると思っているからだ。

宇宙空間には旧ソ連やアメリカが先に進出していても、こんにちソ連は崩壊し、アメリカも競争がなくなったので、それほど大きな力を宇宙開発には注がなくなっていた。特にオバマ政権時代には、アメリカが創設した国際宇宙ステーションが２０２４年には使用期限が来るので、もう撤退しようと予算を注がない方向で動いていたほどだった。したがって中国にとって宇宙は「人類未踏のスペース」を残している大きな「希望の地」でもあるわけだ。宇宙開発なら、「地球」における西側諸国の覇権と違って、中国が「先取りできる可能性」がふんだんにある。

二つ目の理由は、同じく「先取り」ではあるが、実は中国は「宇宙にあるエネルギー資源の先取り」を最大の目的としていることだ。

しかし、そうは言っても「資源の先取り」とか「天体の先取り」などが許されるのだろうか？

習近平の「軍民融合」に入る前に、まずは「宇宙条約における制約と月協定」を見てみよう。

実は１９６６年に国連総会で採択され67年に発効した「宇宙条約（別名、宇宙憲章）」では「天体を含む宇宙空間に対しては、いずれの国家も領有権を主張することはできない」となっている。かつ「月、その他の天体はもっぱら平和のために利用され、軍事利用は一切禁止する」とも規定されている。だが、「資源の利用」に関しては制限を設けていない。

一方、1979年に国連総会で採決され、84年に発効した「月協定（月その他の天体における国家活動を律する協定）」では、国家だけでなく、個人や企業も含む「土地・資源の所有権の否定」などが定められている。月協定の第11条には「月はいずれの国家の専有にもならない。月の表面や地下、天然資源は、いかなる国家・機関・団体・個人にも所有されない。なお月の天然資源が開発可能となったときは、その開発を律する国際的レジームを設立する」とある。

ところがアメリカや日本をはじめとして、ほとんどの国が月協定には加盟しておらず、現実的には死文化しているのに等しい。よもや中国がここまで宇宙開発を進めるとは、誰も思っていなかったからだろう。それをいいことに中国は月資源である「ヘリウム3」を採取し、プラズマ核融合反応による発電を推進する目的で、前述したような「国際月面研究ステーション」を創るべく着々と宇宙開発を実行しているのだ。

ヘリウム3の使用目的自身は、原子力エネルギーを得るのに当たって核分裂を手段とするのではなく、放射能汚染物質が一切出ないプラズマ核融合を手段とするクリーンなエネルギーの取得だ。環境を保護しようという目的なので、ここは文句の付けようがない。

注目しなければならないのは、有益な資源採取を名目に月面基地を創ってしまうことだ。

2000年代に入るとアメリカの宇宙ベンチャーの動きが活発になってきた。イーロン・マスクの「スペースX」や、アマゾン創業者ジェフ・ベゾスの「ブルー・オリジン」などが宇宙事業に参入し、民間で宇宙旅行を実現する構想を打ち出し始めた。

それを政府として後押ししたのが、当時のバラク・オバマ大統領だった。２０１５年11月25日に「２０１５宇宙法」を成立させたのである。なんと、宇宙条約で禁止されている「国家による領有権を主張することはできない」の裏をかいて、「個人あるいは企業による所有は許される」という趣旨の内容を「宇宙法」に盛り込んでしまったのだ。

こんなことをしてしまったら、月の領有権も資源採取も「個人や企業なら許される」ことになってしまうではないか。

しかしアメリカは、この裏道を作って民間の宇宙開発を促進させた。月協定に関しては、主要国はどこも加盟していないので死文化しているものとして無視した。

天体の領有権や資源を個人なら所有してもいいとなったら、何が起きるのか？

２０１８年９月６日、中国共産党の機関紙「人民日報」の姉妹版「環球時報」は、「中国製造２０２５」の中で提唱されている「民間ロケット」に関して、国家の発射場である酒泉衛星発射センターから中国で最初の民間用探査ロケットが９月５日に打ち上げられたと伝えた。

打ち上げたのは中国民間商用ロケット企業の北京星際栄耀空間科技有限公司で、ロケットは「ＳＱＸ‐１Ｚ」という固体燃料準軌道宇宙探査ロケットだ。

その裏には何があるのか？

実は習近平は「中国製造２０２５」を発表した２０１５年５月に、同時に「２０１５国防白書《中国の軍事戦略》」を発表している。中国語で９０００文字、10ページほどの短いものなので、日本のメディアや「専門家」はほとんど「せせら笑って」無視しているが、そこには「軍民融合」に関する「中国の軍事戦略」が書いてある。

これはまさにオバマが署名して発効させたアメリカの「２０１５宇宙法」を意識してのものだった。わずかな月日の差が、逆ではないかと思う方もおられるかもしれない。しかし中国は世界中の至るところに諜報員を張り巡らせていて、特にアメリカの動きは逐次、事前に察知して中共中央に報告されている。

だからオバマの「２０１５宇宙法」とほぼ同時に出された習近平の「２０１５国防白書《中国の軍事戦略》」もまた、**民間（企業）が人工衛星を打ち上げて月面に着陸し「ビジネス用の基地を創る」**ことを可能ならしめているのである。違うのは何かというと、習近平の場合は、その手段として「軍民融合」を提示していることだ。

「中国製造２０２５」にも「軍民融合」という言葉があり、「２０１６中国宇宙白書」にも「軍民融合」が書かれている。そして「２０１５国防白書《中国の軍事戦略》」には「軍民融合」が満ち溢れている。

もちろん習近平が「軍民融合」を強調した背景には、旧ソ連のように米ソ競争という冷戦を勝ち抜くために、やたら国防に国家財政の多くを注ぎ込み、国民の経済生活を破綻に導いてしまったことへの警戒がある。あの轍を踏んではならないという国家観が軸にあるものの、2015年から軍民融合の中に宇宙開発を含めた巨大組織を形成した背景に、オバマの（軽率な？）「2015宇宙法」があったことを見逃してはならない。

では、こうしてでき上がっていった2015年以降の中国軍民融合の宇宙開発に関連する組織図を図表1-5に示そう。

点線で囲んだのが軍民融合で動いている2024年7月時点での宇宙開発のための組織図だ。もともとは工業情報化部の下にある「国家航天局（国家宇宙局）」が中心になって動いていたのだが、2015年に習近平が軍民融合を本格化させると、図表1-3の点線で示した軍民融合の枠組みで宇宙開発が進められるようになった。

2024年4月19日以前までは、図表1-5の「軍事航天（宇宙）部隊」のところには「戦略支援部隊」があったのだが、4月19日に解体され、「信息支援部隊（情報支援部隊）」、軍事航天部隊（軍事宇宙部隊）、網絡空間部隊（サイバー空間部隊）」の3つに再編成された。

戦略支援部隊に代わって、この3部隊が中央軍事委員会直轄の部隊になったわけだ。少しでも中間に組織があると、すぐさまそこに腐敗が生まれるので、直轄にしたものと推測される。ただ、軍民融合を実施した同じ2015年の年末に行なった軍事大改革によって初めて設立さ

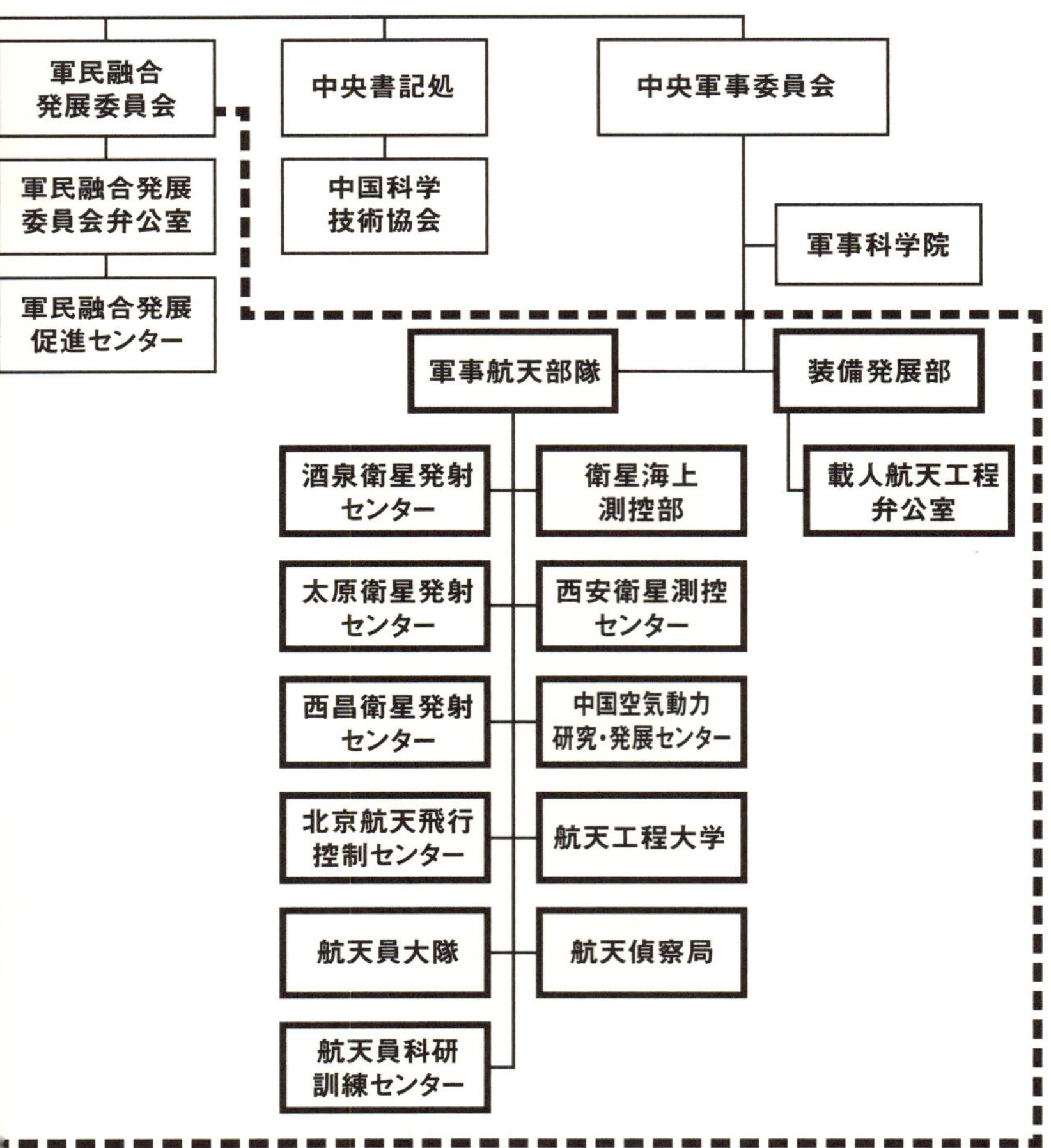

軍民融合
発展委員会
中央書記処
中央軍事委員会
軍民融合発展
委員会弁公室
中国科学
技術協会
軍事科学院
軍民融合発展
促進センター
軍事航天部隊
装備発展部
酒泉衛星発射
センター
衛星海上
測控部
載人航天工程
弁公室
太原衛星発射
センター
西安衛星測控
センター
西昌衛星発射
センター
中国空気動力
研究・発展センター
北京航天飛行
控制センター
航天工程大学
航天員大隊
航天偵察局
航天員科研
訓練センター

図表1-5 宇宙開発に関係する軍民融合組織図

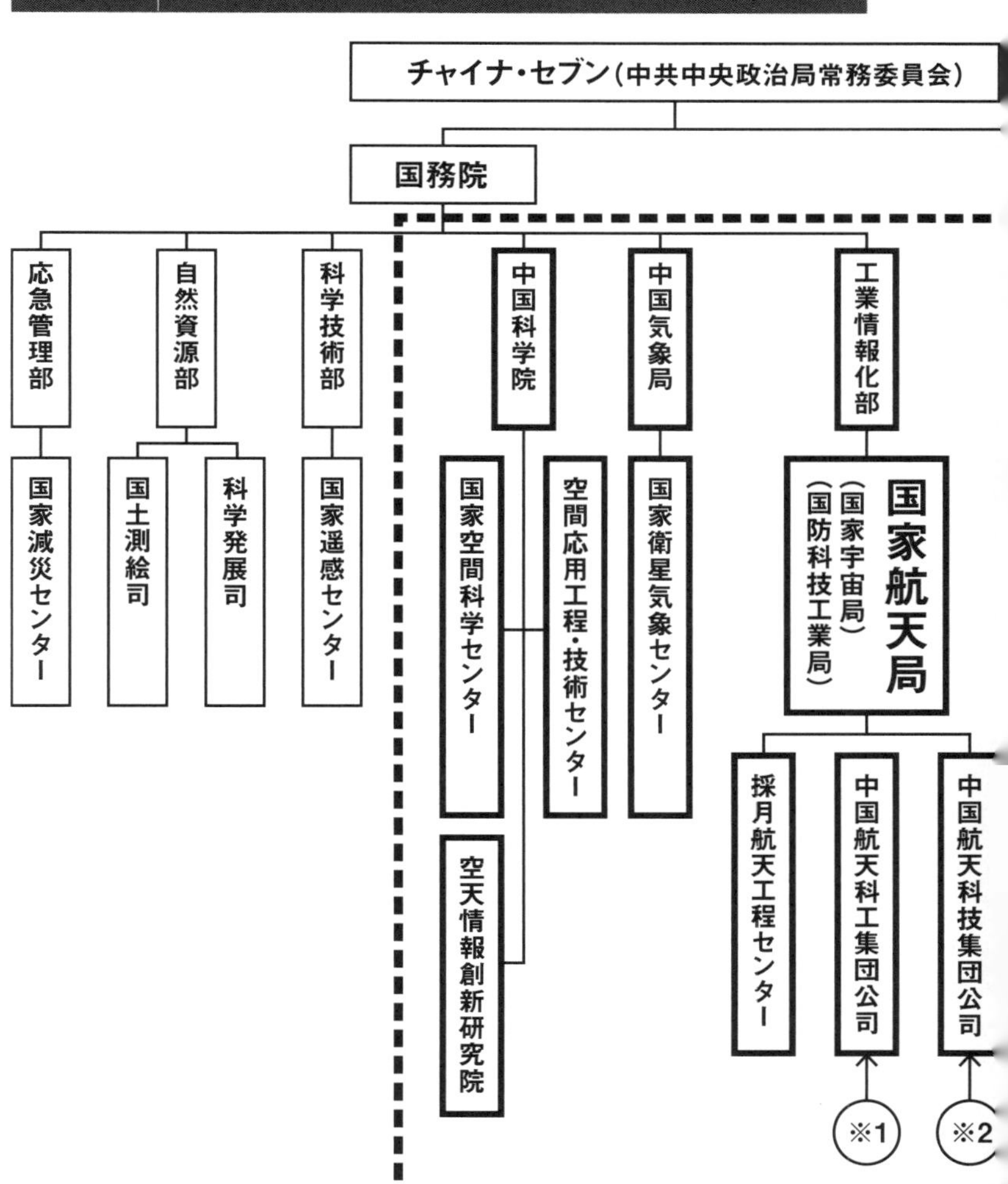

中国政府の複数の資料を基に筆者作成

れた「ロケット軍」が腐敗の巣窟となってしまったことは皮肉なことだ。中国全土、特に軍の腐敗は江沢民政権によってもたらされたものだ。しかし中国がいま戦争をしておらず実働性がないにもかかわらず莫大な防衛費を注いでいるため、この「軍民融合」がかえって腐敗を生んでいる側面がある。本書は軍に関しては考察対象としていないが、軍民融合が良い結果だけを招いていないことは、念のため付言しておかなければならない。

図表1-5では、戦略支援部隊解体後の、宇宙開発に最も関係する「軍事航天（宇宙）部隊」のみを書いた。また、図表1-5のうち、※1と※2で示した個所には、膨大な下部組織があるので、それぞれ図表1-6および図表1-7で示すこととする。これらすべての下部組織が、それぞれ非常に大きな貢献をしている。たとえば図表1-7にある「中国空間（宇宙）技術研究院」を例に取ってご説明してみたい。

実は「中国空間技術研究院」は**「大型宇宙太陽光発電衛星」**建設に専念している。現在、地球では昼間は太陽光電池を蓄えることができるが、夜になると太陽光がなくなるので休眠状態になってしまう。しかし「宇宙に太陽光発電衛星」を浮かべていれば、夜とか昼といった地球の自転に関する話はなくなるので、いつなんどきでも太陽光を集めてエネルギーを蓄えることができる計算だ。これを中露が主導する国際月面研究ステーション（月面基地）の電力として使うこともできれば、将来的には無線電力伝送設備を用いて地球に送ることもできる。そういった壮大な計画が動いている。

ＥＶにしろＡＩにしろ、どんなに発達したとしても「大量のエネルギー」を必要とする。だから、あらゆる手段での非化石燃料の「新エネルギー」獲得を目指して、中国の宇宙開発が行なわれていることに注目すべきだろう。

日本人の大好きな「習近平は経済に疎い」「中国経済を崩壊させる」などという的外れなことを言って喜んでいる場合ではない。不動産産業を地方人民政府に任せて破滅的な政策を推し進めてきたのは、江沢民政権と胡錦濤政権だ。その間に底知れぬ腐敗が蔓延した。習近平はその負の遺産を受け取らされて、なんとかそこから抜け出すために反腐敗運動を続け、ハイテク国家戦略「中国製造２０２５」を着々と実行に移しているだけだ。前著『嗤う習近平の白い牙』の【第七章　習近平が狙う中国経済のパラダイム・チェンジ】で詳述したようにパラダイム・チェンジを起こすときには構造改革がもたらす痛みを伴う。その間、ＧＤＰの成長は減速するだろうが、計り知れないポテンシャルを蓄え、そのうち爆発するのである。

アメリカは政権が交代するたびに前政権での方針が否定されるが、中国共産党による一党支配体制にはそれがなく、一貫性をもって計画を実現させていくことができる。もちろん「中国には言論弾圧がある」ことは受け容れられない。しかし大統領選挙のたびに国家分裂を起こしそうなほどの争いが展開され、異なる党の新政権が誕生すると前政権の政策を覆すアメリカと

図表1-6 ※1にある中国航天科工集団公司の下部組織

中国航天科工集団公司のホームページを基に筆者作成

図表1-7　※２にある中国航天科技集団公司の下部組織

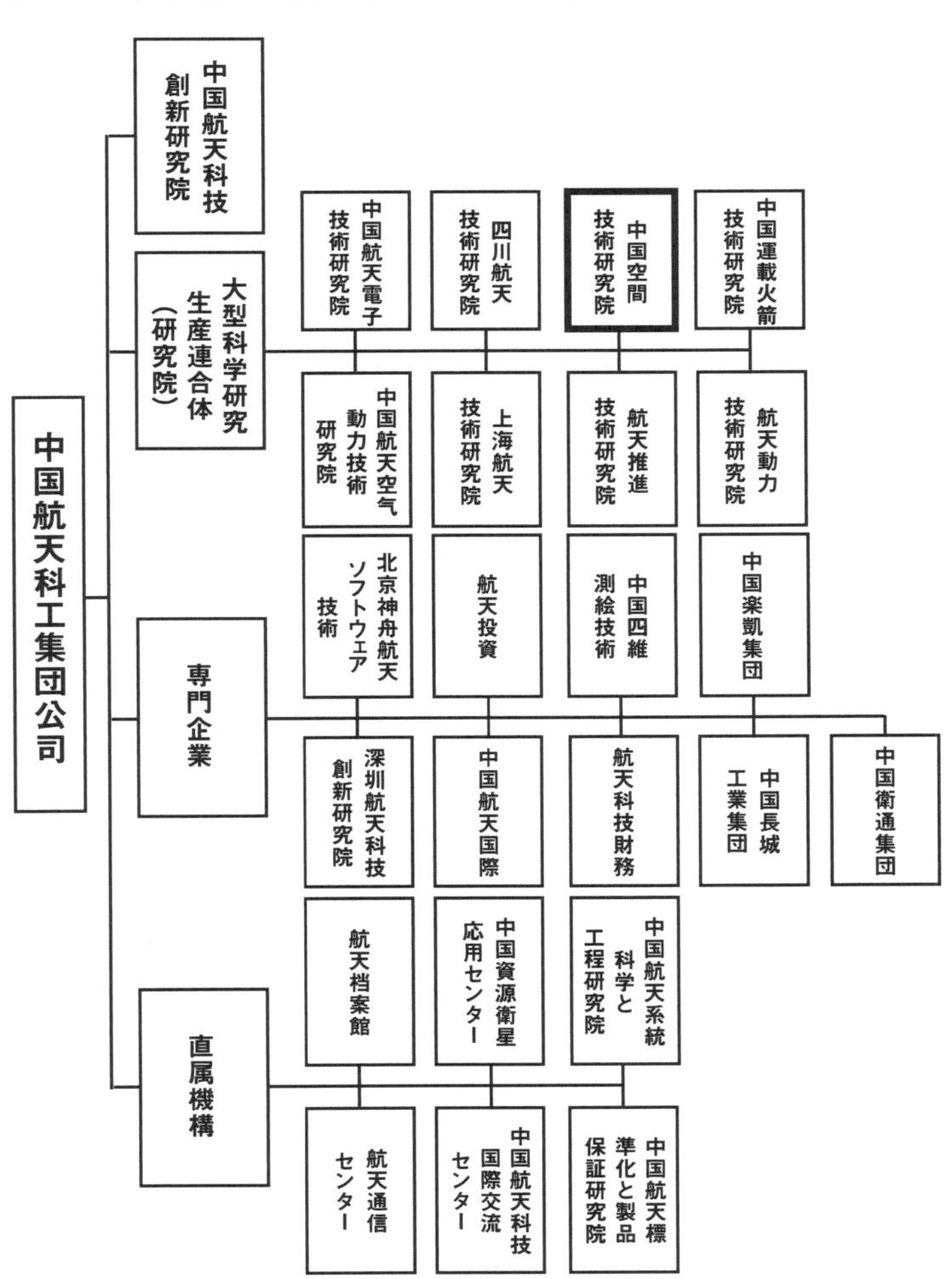

中国航天科技集団公司のホームページを基に筆者作成

図表1-8　宇宙開発に参画している民間企業トップ10

会社名	ロケット	動力
北京星際栄耀空間科技	SQX-IZ	固体ロケットエンジン
北京星河動力航天科技	CERES-1	固体ロケットエンジン
藍箭航天空間科技	Zhuque-2	液体ロケットエンジン
北京天兵科技	TL-2	液体ロケットエンジン
東方空間技術	Gravity-1	固体ロケットエンジン
重慶零壱空間科技	OS-X1	固体ロケットエンジン
北京星途探索科技	探索1号	固体ロケットエンジン
江蘇深藍航天	NEBULA-1	液体ロケットエンジン
火箭派（北京）航天科技	DW-2	液体ロケットエンジン
北京領客航天科技	RLV-T5	液体ロケットエンジン

深圳前瞻産業研究院のデータを基に筆者作成

比較した場合、中国のこの強みは現実のファクトとしてスルーしないほうがいいだろう。

なお近年、軍民融合組織の中に位置づけられていない純粋な民間企業が宇宙開発に参画し、衛星製造やロケット製造などに注力している。そういった民間宇宙企業数は２０２３年初頭時点で４３３社あり、そのうちのトップ10（図表1-8）は「スペースXを目指せ！」と競い合っている。

市場規模としては２０２３年データによれば１・９兆人民元（42兆円）で、成長率は23・３％だ。

果たしてスペースX級の企業が出てくるか否かは、長期的なスパンで見ていくしかない。

四、国際宇宙ステーションへの中国参加を拒絶し続けたアメリカが中国独自の宇宙ステーションを誕生させた

２０２２年10月31日午後15時37分、中国が独自に建設してきた中国宇宙ステーション「天宮」の最後の実験モジュール「夢天」が海南省にある文昌発射場から「長征５号Ｂ」大型ロケットを用いて打ち上げられた。打ち上げは成功し、12時間50分後の11月１日４時27分にコアモジュールへのドッキングが成功した。

この瞬間、習近平の国家戦略「宇宙大国」の夢が実現したことになる。

ここに至るまでには尋常でない苦闘があった。そもそも実現を可能ならしめたのは、アメリカが国際宇宙ステーションへの中国の参加を拒絶し続けてきたという厳然たる事実だ。

アメリカにはＮＡＳＡ（アメリカ国家航空宇宙局）と中国の協力を禁止するウルフ修正条項というのがある。。１９９９年５月に「中国に対するアメリカの国家安全保障および軍事商業上の懸念に関する特別委員会の報告書」が公表され、アメリカの商業衛星メーカーが衛星打ち上げに関して中国に提供した技術情報は、中国の大陸間弾道ミサイル技術の向上に利用された可

能性があると主張した。

このウルフ修正条項が法制化されたのは2011年4月だったが、筆者が筑波大学物理工学系の教授として筑波研究学園都市にある「宇宙開発事業団」（現在のＪＡＸＡ）のアドバイザーを務め始めた2000年ころには、すでに「国際宇宙ステーションから中国を排除する」のは絶対的な大前提だった。1999年に報告書が出された時点では、「中国排除」は既定路線だったと言えよう。

2007年に中国は最終的に念を押すようにアメリカに対して国際宇宙ステーションへの参加を申請しているが、完全に拒否された。中国の宇宙ステーション開発への決意は、このアメリカの度重なる拒否によって強固になっていった経緯がある。

それをハイテク国家戦略「中国製造2025」の中で「2022年以内に中国独自の有人宇宙ステーションを稼働させる」と具体化したのは習近平だ。ハイテク国家戦略を断行するには何よりも軍に巣食う腐敗の巣窟を徹底して除去する必要があった。筆者は、そのことに着目せよと言い続けたが、日本のメディアはこぞって「権力基盤がない習近平が政敵を倒すために反腐敗運動を通した権力闘争を行なっている」と言い続け、「権力闘争」の大合唱をし続けた。その間に中国は、アメリカをもしのぐ宇宙大国になってしまったので、今となっては日本にはもう挽回の余地さえない。

米ソ冷戦時代、実は旧ソ連のほうが宇宙開発において勝っていた。下手すれば軍事力全般においてもソ連がアメリカの上を行きそうになっていた。そこでアメリカは「第二のCIA」と呼ばれるNED（全米民主主義基金）を旧ソ連に潜らせ、リベラル的思考の強いゴルバチョフを巧みに利用して「ソ連崩壊」を実現させた。

こうして誕生したロシアを、アメリカは国際宇宙ステーションの参加国として認め、有人衛星として1998年から稼働させたのである。

実は有人飛行に関してロシアは強い。そこでスペースシャトルが事故により2011年に引退したあとは、ロシアのソユーズ宇宙船がないと成立しないという事情もあった。

アメリカは宇宙飛行士を国際宇宙ステーションに送るための役割をロシアのソユーズに頼っていたが、ロシア一国に頼っていたのではまずいと判断したのか、一方ではNASA（米航空宇宙局）は有人飛行宇宙船製造をボーイング社に委託していた。ボーイング社は2011年からCST-100「スターライナー」の開発に着手し始めた。2010年に「商業乗員輸送開発1」契約において、ボーイング社に基礎設計として1800万ドル（26億円）を支払い、2011年の「商業乗員輸送開発2」契約では9300万ドル（134億円）を支払った。ただし、たび重なる開発遅延により2024年8月時点で超過コストが16億ドル（2300億円）を超える赤字プロジェクトとなっている。

開発遅延の理由としては、たとえば２０１７年から有人飛行に入る予定が２０１９年12月に延期され、その試験発射も軌道投入に失敗した。このため２０２２年５月19日の再度の無人試験を経て、２０２４年６月５日に初めて有人テスト飛行を行った。ところが乗組員の船の推進システムにおけるヘリウム漏れなどがあり、地球に帰還できない事故につながっている。

本来は８日間、国際宇宙ステーションに滞在したあと地球に帰還することになっていたが、６月11日に帰還は延期されそうだと発表。この後、何度も延期した２０２４年８月24日、ＮＡＳＡはついに「スターライナーの有人での地球帰還を断念した」と発表したのである。推進装置などに不具合が発生したためで、テストパイロットを務める宇宙飛行士２人は２０２５年３月下旬にスペースＸのクルードラゴンで地球に帰還する予定になっている。スターライナー自体は２０２４年９月７日に無人で帰還した。

クルードラゴン宇宙船はＮＡＳＡの商業乗員輸送計画の下、スペースＸ社のドラゴン物資補給船をベースに開発した有人宇宙船だ。国際宇宙ステーションクルーに依存しないドッキング方式を用いている。

しかし緊急措置として国際宇宙ステーション内の物資が足りなくなったため、ロシアに頼んで補給物資を届けてもらう始末だ。ロシアの補給船「プログレス」が２０２４年８月17日、大量の貨物を積載して国際宇宙ステーションに到着した。ウクライナ戦争により、あれだけアメリカから制裁を受けているロシアが、なぜ高額な支援をアメリカにするのか不可解なように思う。が、ロシアには「前身の旧ソ連こそが宇宙開発に関して世界一だった」という誇りがあるに違いない。そのブランドだけは捨てたくないのだろう。実は２０２３年4月12日、ロシアは国際宇宙ステーションから脱退する年を２０２８年まで延期すると表明している。それまでにロシア独自の宇宙ステーションを建設するからだろう。

一方では、中国宇宙ステーションとも協力していくつもりのようで、「ロシア、インド、ドイツ、ポーランド、ベルギー、イタリア、フランス、オランダ」など数多くの国がすでに中国との国際協力プロジェクトを立ち上げている。

また２０２２年5月26日にはブラジル、ロシア、インド、中国、南アフリカなど新興5ヵ国を中心としたＢＲＩＣＳ諸国が「ＢＲＩＣＳ宇宙協力連合委員会」を設立し、衛星データの共有を開始した。実は中国国家宇宙局は２０１５年にＢＲＩＣＳリモートセンシング衛星ネットワークの協力を提案し、５カ国の宇宙機関は２０２１年8月に「ＢＲＩＣＳリモートセンシング衛星ネットワーク協力に関する協定」にも署名していた。その中には中国の高分6号と資源3号02星、中国とブラジルが共同で研究・製造した中国・ブラジル地球資源衛星04星、ロシアのカノープスＶの1基、インドの資源衛星2号と2号Ａ星が含まれる。中国の三亜、ブラジルのクイアバ、ロシアのモスクワ、インドのハイデラバード、南アフリカのハルトビーストホークの地上ステーションでいずれも衛星ネットワークのデータを受信できる。

本節冒頭に書いた現在運行中の中国宇宙ステーション「天宮」は、「天和」コアモジュール、「問天」実験モジュール、「夢天」実験モジュールの三つのモジュールによって構成される。これ以外にも無人補給船「天舟」シリーズと有人宇宙船「神舟」シリーズがある。

「天和」コアモジュールは2021年4月29日に、「問天」実験モジュールは2022年7月24日に打ち上げられ、最後の「夢天」実験モジュールが2022年10月31日に打ち上げられ、これをもって中国宇宙ステーションのT字型構造が完成したことになる。これ以外にも無人補給船「天舟」シリーズと有人宇宙船「神舟」シリーズがあり、当面は最大6人の中国人宇宙飛行士体制で運営されることになる。

アメリカが主導する国際宇宙ステーションの寿命は本来2024年に尽きるとされていたので、取り代わって中国が唯一の宇宙ステーションとして機能するはずだった。だが、第一次政権時のトランプ大統領が「中国製造2025」が内包する（アメリカを凌駕するかもしれないという）危険性に気付き、国際宇宙ステーションの寿命を2030年まで延長する計画を発表した。

習近平が2015年末に軍事大改革を行い、その中にロケット軍を創設したことも睨みながらトランプはアメリカにも「宇宙軍」を創設させた。

中国の宇宙ステーション「天宮」の運用期間はおおむね15年前後と見積もられているが、国際宇宙ステーションの寿命が延長されたように「天宮」も延長される可能性はある。

中国の宇宙ステーション「天宮」の大きさは、アメリカ主導の国際宇宙ステーションよりもサイズが小さい。しかし月の裏側への着陸に関しては、中国以外のどの国もまだ成功していないので、宇宙空間はすでに中国が勝者となるフェイズに入ったと言ってもいいだろう。

実は中継衛星「鵲橋」がラグランジュ点L_2に命中したことを知ったアメリカは、中国に「鵲橋」を使わせてくれないかと、こっそり頼んでいる。中国は快く承諾した。

このたびも「嫦娥6号」が持ち帰った月の裏側のサンプル調査に関して、アメリカも参加させてくれと依頼してきたのだが、その依頼の仕方が「それは人類共同のものとして研究者が共有すべきだ」という「上から目線」であったことが中国で話題となった。

中国がわずかでもハイテク方面で発展しようとすると、ありとあらゆる手段で潰してきたアメリカが、中国がようやく手にした果実を「共有すべきだ」と高飛車な言い方で要求してきた。このことに中国のネット民は「なにさまだ！」とか「どの面ぶらさげて」といった書き込みが多かったが、中国政府側はアメリカの申し出を承諾し「サンプル研究の共有」を認めた。

2024年6月25日のアメリカのウォール・ストリート・ジャーナルのウェブサイトには、「歴史的な月面ミッションが中国を米国との宇宙開発競争でリードさせてしまった」という見出しの記事が掲載された。それによれば、**月面着陸に関して「中国対アメリカ」は、「4対0・5」**

になってしまったとのこと。

二日後の6月25日の中国の新華網は「このたびの嫦娥6号のサンプル・リターンは、2030年までに宇宙飛行士を月に送り、2035年までに月面基地を建設するという中国の計画を後押しするものだ」としている。

中国の強みは、着手から完成までの期間が非常に短いことだ。

たとえば前述のボーイング社のスターライナーに関しては、2010年に委託されてから有人飛行実施までに**「14年間」**もかかっている。しかも飛行士を地球に帰還させることができないという悲惨な結果に終わっている。

それに対して、たとえば中国独自の宇宙ステーション「天宮」では、「天和：2021年4月29日／問天：2022年7月24日／夢天：2022年10月31日」というように天和から夢天まで約**「1年半」**しかかかっていない。スターライナーに相当する有人宇宙船「神舟」シリーズは、江沢民時代の腐敗真っ盛り状態では遅々として進んでいなかった。しかし習近平政権になってから加速度的に進歩し、2021年6月17日の「神舟12号」で天和コアモジュールとドッキングして、中国宇宙ステーション「天宮」との定期的な運用を継続している。

単純比較はできないものの、宇宙空間における技術力はすでに中国が先を行っている。政権交代による乱れがないことも加わり、たとえトランプが「火星に星条旗を掲げる」と誓っても、優位性を保っていくだろう。

米中のこの差異は次章以降に述べる「製造力」、特に「新産業」生産能力の差異の一つでもあり、米中新産業ＷＡＲの趨勢を示すものとしても継続的考察が必要だ。

最後に測位衛星システムに関しても、ひとこと述べておかなければならない。周知のように中国では測位衛星をアメリカのＧＰＳに依存していたら、いつなんどき、いきなりサービスを切断されるとも限らないと警戒している。このため中国独自の測位衛星システム「北斗（ＢｅｉＤｏｕ、ベイドウ）」を運営すべく力を注いできた。

その結果、２０１２年12月27日にアジア太平洋地域での運用を開始し、２０１８年12月27日には全世界向けのサービスが開始した。２０２０年６月23日には、最後の55基目の北斗用人工衛星が打ち上げられて衛星軌道投入に成功し、北斗シリーズは完成したのだ。さらにサービス向上のために２０２３年５月17日に第56基目、同年12月26日に第57、58基目、24年７月19日に59、60基目を追加投入している。

グローバルサウスを中心とした一帯一路諸国におけるデジタルサービスに貢献もしている。２０２３年６月の人民網によると、２００以上の国・地域の顧客に対するサービスに当たっているという。

2024年5月18日に中国衛星航法測位協会が発表した「2024年版中国衛星航法・位置情報サービス産業発展白書」（中国航天科技集団有限公司ウェブサイト）によれば、中国の衛星ナビゲーションおよび位置情報サービス産業の総生産額は2023年に前年比7・09％増の5362億元（約12兆円）に達した。そのうち衛星ナビゲーションアプリケーションとサービスから得られる関連生産額は3751億元（約8兆円）だという。2023年末までに衛星ナビゲーション特許出願の累計総数は、前年比4・84％増の11万9000件を超え、引き続き世界トップの地位を維持しているとのこと。

一方、2018年6月5日に西昌衛星センターから打ち上げられた気象衛星「風雲2H」は、まさに一帯一路沿線諸国のうち独自の気象衛星を打ち上げる財政力がない発展途上国のほとんどにサービスを提供している。これは「グローバルサウスを、中国を中心にまとめ上げるのに大きな貢献をし、デジタル・シルクロードの収益にも利する」と中国は位置づけている。

第二章

世界シェアの90％を超える中国の新エネルギー発電

一、世界シェアの90％以上を占める中国の太陽電池出荷

まず、太陽電池の世界出荷量を見てみよう。

台湾にある再生可能エネルギー研究およびコンサルティング会社であるインフォリンクが2024年2月8日に「2023年太陽電池モジュール世界出荷ランキング」を発表している。その結果を参考にし、かつ各メーカーの出荷量を独自に調べてランキングを示すと、図表2-1のようになる。メーカーによっては出荷量（GW＝ギガワット）に関して、小数点以下を書いていない場合もあったので、そのまま小数点以下なしの数値で示した。

モジュールの説明を少し付け加えたい。

太陽電池において、これ以上は分解できないという程度に小さな「太陽光電池素子」を「セル」と称する。このセルを多数並べて樹脂や強化ガラスで保護し、屋外で使用できるように処理したものを「太陽光電池パネル」、あるいは「太陽光電池モジュール」と呼ぶ。「モジュール」はパッケージ化された製品として完成されたものである。

図表2-1から明らかなように上位13位のうち、11社が中国だ。しかも6番目にある「カナディアンソーラー」は中国人経営者がカナダに名義上の本社を置いているものの、工場は中国

図表2-1　2023年太陽光電池モジュール世界出荷ランキング

ランキング	メーカー名	国	出荷量（GW）
1	JINKO（晶科）	中国	78.52
2	LONGi（隆基）	中国	67.52
3	Trina Solar（天合光能）	中国	65.21
4	JA Solar（晶澳）	中国	57.094
5	TW Solar（通威）	中国	31.11
6	Canadian Solar（カナディアン ソーラー阿特斯）	カナダ（事実上中国工場）	30.7
7	Astronergy（正泰新能）	中国	28
8	risen（東方日昇）	中国	18.99
9	DAS Solar（一道新能）	中国	18
10	GCL（協鑫集成）	中国	16.42
11	Yingli Solar（英利緑能）	中国	14
12	First Solar（ファーストソーラー）	アメリカ	12.1
13	DMEGC（横店東磁）	中国	10

インフォリンクのデータを基礎にして筆者作成

にある。すべて中国で製造しているので、人によっては「中国のメーカー」として数える場合もある。事実、インフォリンクの説明には、**「13社のうち、中国でないメーカーはアメリカのファーストソーラー1社だけだ」**と書いてある。

そこでインフォリンクの定義による出荷量の国別シェアを円グラフで示すと、図表2-2のようになる。

ご覧になれば一目瞭然。全世界の97・3%を中国が占めることになり、ほぼ中国だけが独占する新産業分野と言っても過言ではない。

それではいくらなんでもという印象を持つので、一応カナディアンソーラ

図表2-2　カナディアンソーラーを中国籍と見た場合の2023年太陽電池モジュール出荷量上位13社における国別割合

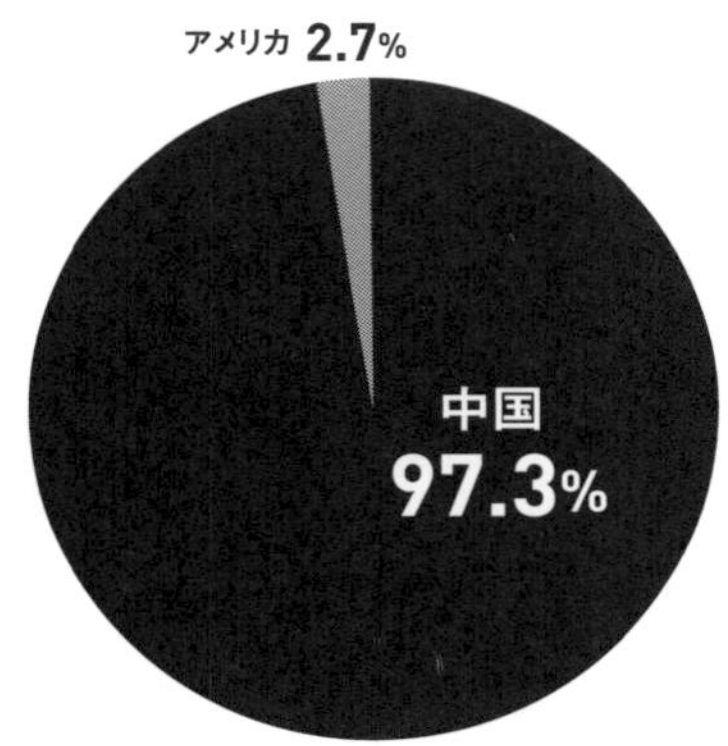

インフォリンクのデータに基づき筆者作成

図表2-3　カナディアンソーラーをカナダのものと位置付けた場合の2023年太陽電池モジュール出荷量の国別割合

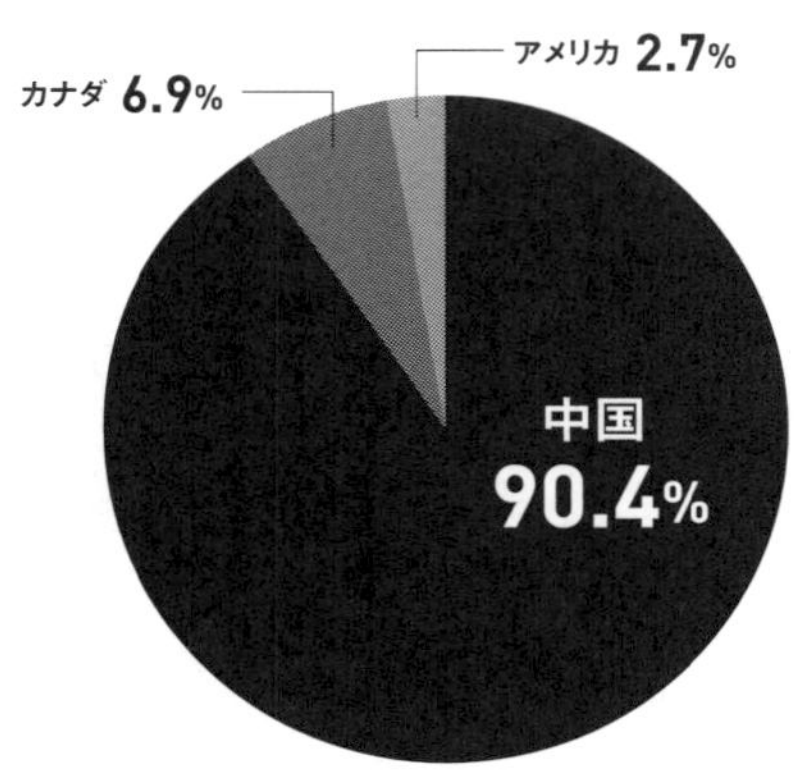

インフォリンクのデータに基づき筆者作成

ーをカナダのものとして分類すると図表2-3のようになる。

それでもなお中国が90・4%を占めており、アメリカは2・7%でしかない。米中の新産業WARといっても勝負にならない。圧倒的に中国の一人勝ちだと結論付けることができよう。

インフォリンクの分析によれば、2023年の全体の出荷量は大幅に増加し、前年比で78%増加したとのこと。ということは2024年も中国の成長が予測される。

二、IEA：中国が世界の再生可能エネルギーの主導権を握る

事実、IEA（国際エネルギー機関）は2024年1月に発表した「再生可能エネルギー2023 エグゼクティブサマリー」で、中国に関して以下のようにリポートしている。再生エネルギーは「太陽光、風力、水力とわずかなバイオ・エネルギー」を含んでいる。

中国は世界の再生可能エネルギー大国

2028年までに世界で稼働すると見込まれる新しい再生可能エネルギー容量の約60%を中国が占めることになる。2020年と2021年に政府からの補助金が段階的に廃止されたにもかかわらず、中国では太陽光発電と陸上風力の導入が加速している。これは技術の経済的魅

力と長期契約を提供する支援的な政策環境によるものだ。われわれ（ＩＥＡ）の予測によると、中国は今年、予定より6年早く太陽光発電と風力発電の設置に関する２０３０年の国家目標を達成すると見込まれている。中国は２０３０年までに世界で必要とされる新しい電力容量の半分以上を、（中国一国で）設置すると見込まれている。このため再生可能エネルギーを3倍にするという世界目標を達成する上で、中国の役割は非常に重要だ。予測期間の終盤には、中国の電力発電のほぼ半分が再生可能エネルギー源から供給されることになる。

中国が主導権を握る

中国の再生可能電力容量の伸びは、過去5年間と比較して今後5年間で3倍となり、世界全体の拡大の56％を占めるという前代未聞の数字となる。

２０２３年から２０２８年にかけて、中国はＥＵ（欧州連合）のほぼ4倍、アメリカの5倍の再生可能電力容量を展開することになる。ＥＵとアメリカは引き続き第2位と第3位の成長市場となる。中国政府の２０６０年までのゼロ目標は、**第14次5カ年計画（2021年～2025年）によるインセンティブと、現地で製造された機器と低コストの資金調達の十分な利用可能性に支えられ、**予測期間中の同国の再生可能電力拡大を刺激するだろう。（以上）

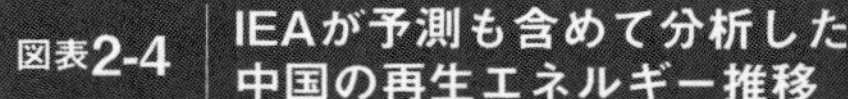

図表2-4
IEAが予測も含めて分析した
中国の再生エネルギー推移

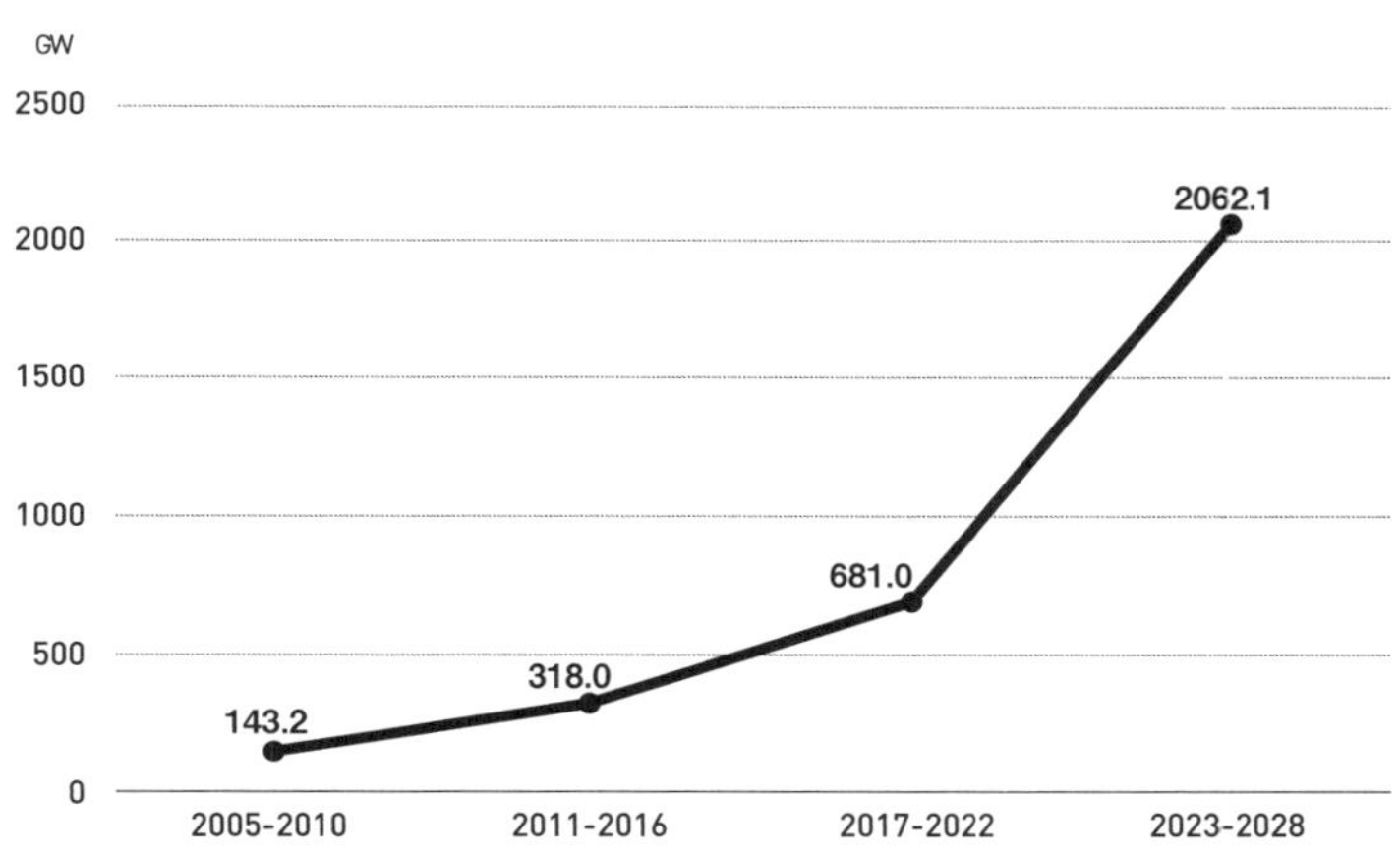

2024年1月のIEAの予測図を筆者が和訳

ＩＥＡは、中国の計画性とサプライチェーンを国内で完結させようとしている傾向を評価していることがうかがえる。「ＩＥＡ２０２３年リポート」はまた、中国の再生エネルギーの未来予測をも含めた推移を図表２-４のように分析している。

習近平がハイテク国家戦略「中国製造２０２５」を発布した２０１５年以降の「再生可能エネルギー発電容量」の増加をご覧いただくと、２０１７年以降から増加傾向にあり、さらに２０２１年の「第14次５カ年計画」以降での増加傾向が急激に高くなっているのが見て取れるだろう。

なお、ＩＥＡは２０２４年10月に新たに「再生可能エネルギー２０２４　エグゼクティブサマリー」を追加発行し、「２０３０年の予測には、太陽光発電と中国という二つの主要な推進力がある」とした上で、「中国の成功は、すべての再生可能エネルギー技術において、大規模再生可能エネルギーと分散型再生可能エネルギーの両方を包括的に支援したことに起因しており、中国は2030年までに太陽光発電のすべての領域において80％以上の製造能力を保つことになる」と予測している。さらに「アメリカとインドも2倍増加するが、コストは中国の2～3倍も高いので、予測できる未来でその差が縮まることはない」としている。

中国の強みの一つは、アメリカのように大統領選挙に明け暮れ、選挙のために巨額の大金を注ぎ、結果的に国民の財産の多くを選挙に費やしてしまうことがないことと、政権政党の連続性にあると言っていいだろう。アメリカの場合は大統領によって政権政党が代われば、必ず前政権の政策のほとんどを覆すことの連続だからだ。これでは、戦争ビジネスのための武器製造を除けば、民生のための製造業あるいは新産業は成長しない。

序章冒頭に書いたように、2025年1月20日に大統領に就任したトランプは、その日のうちに数多くの大統領令や覚書に署名してバイデン政権の政策をほぼ全面否定した。中でも大きいのはパリ協定を離脱したことだろう。これはクリーンな「新エネルギー」を重んじないということで、事実、その日のうちにトランプは、アメリカ大陸棚外縁部の全海域にわたる風力発電からの一部撤退および連邦政府の風力発電プロジェクトの見直しを指示している。新エネルギー分野でのアメリカのさらなる後退が予測される。

また中国が成長すれば、アメリカは直ちに「安全保障上の理由」を探し出して制裁を加える。このことによって中国の発展を何としても阻止しようとしてくるが、少なくとも現在、再生可能エネルギーに関しては自国内でサプライチェーンが完結しているので中国政府は計画通りに進めることができる。アメリカに邪魔されなければ、正常な成長が遂げられるということだ。

特に序章に書いたように、中国は「建国80周年記念の2029年までにすべての新産業エリアで自給自足が達成できるようにすること」を国家目標の一つに掲げている。このためIEAの2030年までの予測は、分析通りに達成される可能性が大きい。

三、米調査会社：現在建設中の世界の太陽光&風力発電の3分の2を中国が占める

世界のエネルギーインフラ、資源、および使用に関するデータを分析しているアメリカ・カリフォルニア州にあるグローバル・エネルギー・モニター（＝GEM、以後GEM）は、2024年7月に「中国は太陽光と風力発電で世界をリード　世界の他の地域を合わせた2倍の容量を中国が占める」というタイトルのリポートを発表している。

図表2-5 現在建設中の太陽光発電&風力発電容量の主要国シェア

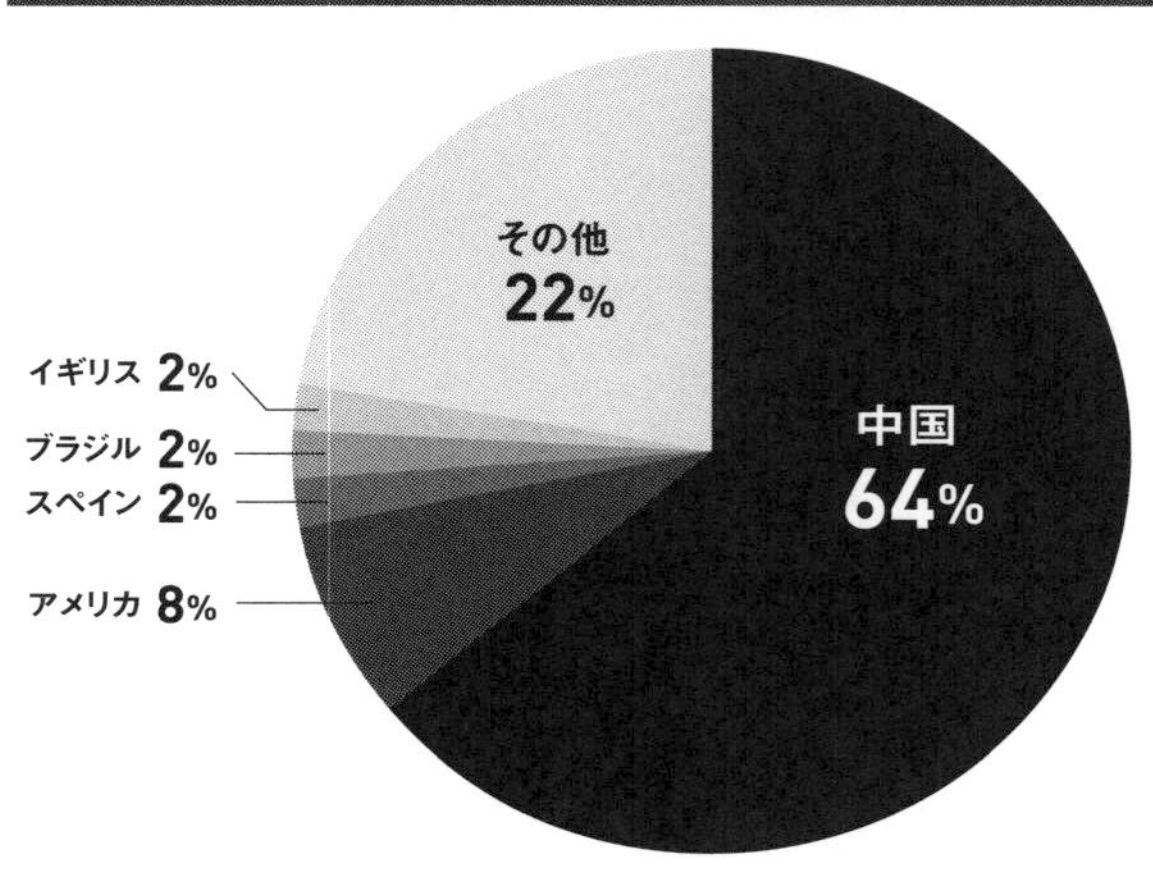

GEMデータを基に筆者作成

同社のデータに基づき、主要国シェアを円グラフ化してみたのが図表2-5である。中国は、現在建設中の世界の太陽光発電&風力発電容量の64%を占めている。たしかに世界の他の地域すべての合計の3分の2を中国が占めるというタイトルを付けているのも納得がいく。

この状況に関してGEMリポートは以下のように分析している。

●中国は、再生可能エネルギー開発の世界的リーダーとしての地位を固めつつあり、すでに180GWの実用規模の太陽光発電と159GWの風力発電が建設中だ。新しいデータによると、建設段階に達した339GWの実用規模の太陽光と風力発電は、中国で目標値としている全太陽光&風力発電容量の

3分の1を占めており、世界の建設率7%をはるかに上回っている。

●では、この1年間に中国で何が起こったのだろうか?

中国は2023年に、他のどの年よりも約2倍の実用規模の太陽光発電と風力発電の容量を追加している。中国電力企業連合会のデータによれば、分散型太陽光発電を含む太陽光発電&風力発電総容量は1120GWとなっている。現在、風力と太陽光は国内の総発電容量の37%を占め、2022年から8%増加している。2024年には現在全体の39%である石炭火力発電容量を上回ると予想されている(筆者注：分散型とは各家庭の屋上に設置されているソーラーパネルのこと)。

●太陽光発電の容量が風力を初めて上回り、分散型太陽光発電の大幅な拡大により、その差は大幅に拡大している。分散型ソーラーは、太陽光発電の総容量の41%を占め、2021年以降、集中型ソーラーよりも高い成長率を示している。この成長は、投資コストの低下、設置の容易さ、政府による強力な政策支援という利点に起因し、市場での人気が高まっている。2022年には中央政府の固定価格買取制度の終了により一時的に減速したが、2023年には立ち直っている。

●2025年から2030年の間に稼働する予定の、合計容量約503GWの「メガ風力&太陽光ベース」の第二弾と第三弾が含まれる。第一弾は2021年に発表され、19の省(行政区分)

に広がった。この第一弾の97GWの大部分は予定通り２０２３年に運用を開始し、中国の新規運用容量の３分の１を占め、第二弾と第三弾の可能性が有望であることを示している（筆者注：「第一弾」は２０２１年11月24日に中国の国家発展改革委員会弁公室がエネルギー［２０２１］９２６号令として国家発展改革委員会&国家エネルギー局の通知として発布したものである。「第二弾」は、２０２２年１月30日に国家発展改革委員会&国家エネルギー局が［２０２２］１９５号令として発布したもので、「第三弾」は２０２３年４月７日に国家発展改革委員会弁公庁&国家エネルギー局総合司が［２０２３］２４８号令として発布した）。

●中国は何をすでに軌道に乗せているのか？

これまで提案されたすべての実用規模の太陽光および風力プロジェクトが計画どおりに稼働すれば、中国は２０２４年末までに、習近平国家主席の公約より６年早く、ＧＥＭの昨年の予測より１年早い１２００GWの風力および太陽光発電容量に簡単に到達する可能性がある。

●中国はＣＯＰ28で再生可能エネルギーの３倍化のコミットメントに署名しなかったが、２０２３年11月に中国政府と米国政府が発表した「サニーランズ声明」で、「世界の再生可能エネルギー容量を３倍にするという誓約」を支持した。２０３０年までに、それぞれの経済圏での再生可能エネルギーの展開を２０２０年のレベルから十分に加速する意向である（筆者注：「サニーランズ声明」とはアメリカの当時のジョン・ケリー気候担当大統領特使と中国の解振華（かいしんか）

気候変動担当特使が2023年7月16日から19日まで北京で、11月4日から7日までカリフォルニア州サニーランズで会談して発表した声明である。インドネシアのバリで行われた習近平国家主席と当時のバイデン大統領との会談を受け、米中は気候危機に対処するため、他の国々と共同・協力して取り組むというコミットメントを再確認した。しかし前述したように、トランプは大統領就任当日にパリ協定から離脱したので、この方針は崩れる)。

●中国における太陽光発電および風力発電設備の分布図

同リポートによると、太陽光発電および風力発電施設の分布図は、それぞれ図表2-6-Aおよび図表2-6-Bのようになっている。陸上風力発電設備の上位6省である内モンゴル自治区、新疆ウイグル自治区、河北省、山西省、山東省、甘粛省は、国内全体の43%を占めている。洋上風力も急速に進んでおり、江蘇省が引き続き国をリードしている。福建省では、2023年に平潭（へいたん）洋上風力発電所で、1基の風力タービンとしては世界最大の容量となる16MWの風力タービンが11基稼働した。広東省、浙江省、福建省、海南省の洋上風力発電容量の急速な成長により、中国国内の省・自治区別のランキングが変わると予想されており、今後5年以内に江蘇省が洋上風力発電のナンバーワンの省となる可能性がある。

●問題点

中国のこれまでの「石炭中心の送電網」が「前例のない再生可能エネルギーの急増をどのよ

図表2-6-A　中国稼働中の太陽光発電運営の分布図

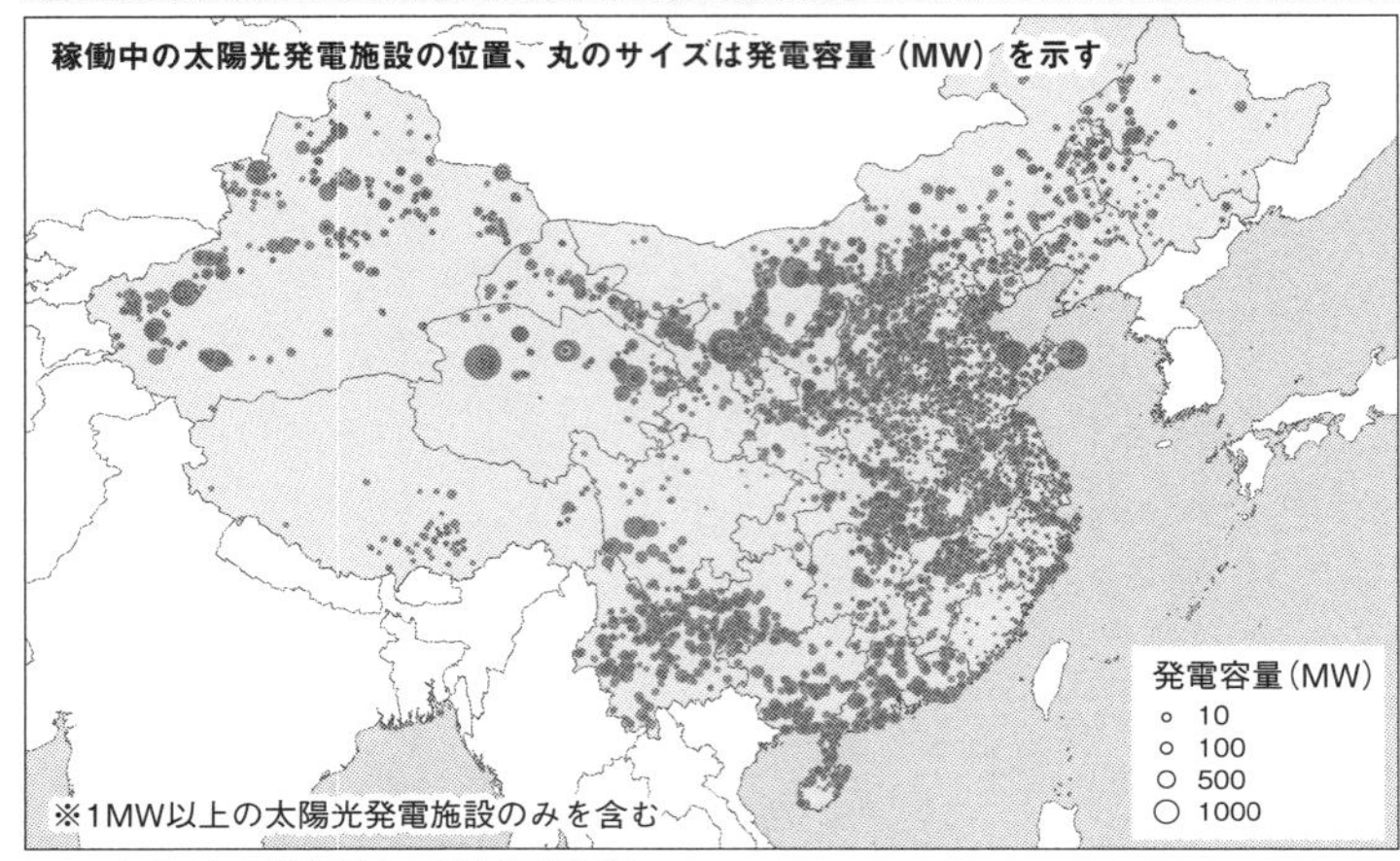
稼働中の太陽光発電施設の位置、丸のサイズは発電容量（MW）を示す
発電容量(MW)
10
100
500
1000
※1MW以上の太陽光発電施設のみを含む

GEMリポートの分布図の一部を筆者和訳

図表2-6-B　中国稼動中の風力発電施設

稼働中の風力発電施設の位置、丸のサイズは発電容量（MW）を示す

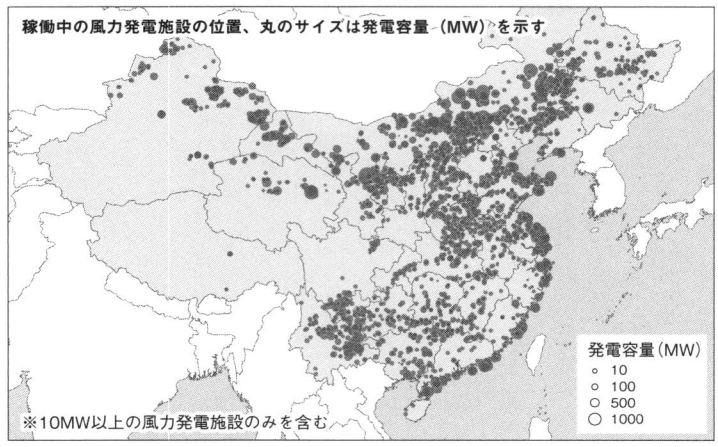

発電容量(MW)
10
100
500
1000

※10MW以上の風力発電施設のみを含む

GEMリポートの分布図の一部を筆者和訳

うに吸収し、需要地域に追加の電力を供給するか」という問題が課題として存在する。（GEMリポートの概要は以上）

四、再生可能エネルギー発電が火力発電を超えたが、送電網は？

GEMリポートの最後の指摘は非常に重要だ。再生可能エネルギー発電が急増しているのはいいが、たとえば太陽光発電は西部の新疆ウイグル自治区に巨大な設備があり、風力発電は北部のモンゴル自治区に集中している。

これまでの火力発電による送電網は何十年もの月日を経ながら全国津々浦々にあり、中国の東部、特に南東部を中心とした電力消費にも応えることができていた。

しかし西部の広大な砂漠地帯に設置された太陽光発電施設から中国の東部一帯に膨大な電気量を運ぶには、相当に丈夫で長い送電網が必要となる。また超高電圧で送電するとなると、その送電網の完成に3年もかかる。

メガソーラー発電所は1年くらいで建設できるが、発電所ばかりが先に建設されても送電線の建設が3年もかかるようでは「電力があっても使えない」状況に置かれ、これは中国にとっては大きな課題だ。

２０２３年12月22日の中国政府の通信社「新華社」の電子版「新華網」は、「わが国の再生可能エネルギー発電の総設備容量は50％以上を占める」という見出しの報道をした。それによれば12月21日、中国の国家エネルギー局が「再生可能エネルギーは中国で電力供給を確保するための新たな力となり、設備容量は１４５０GWで、国の総設備発電容量の50％以上を占め、ついに火力発電の設備容量を上回った」と発表したようだ。

２０２４年10月31日になると、中国の国家エネルギー局は新たに「２０２４年９月末までに、再生可能エネルギーの設備容量は１７３０GWで、国の総設備容量の54・７％を占めている」と発表した。２０２４年９月末までの中国国内の総設備発電容量は約３１６０GWになった。

一方、国家エネルギー局は、風力発電や太陽光発電の開発を加速させており、２０２３年11月末に第一期の45・16GWが完成して送電網に接続されたと発表した。第二期と第三期は50GW以上が承認されているが、送電網はまだ建設中とのことだ。

問題はその送電網だ。時間的に少しさかのぼるが、２０２３年８月７日の華夏能源網（能源＝エネルギー源）は、「超高圧送電線　建設すべきか否かから足りるか否かへ」という見出しで詳細に逼迫（ひっぱく）した送電網建設の現状を報道している。

冒頭は以下のような文章で始まっている。

――１兆６千億元（約34兆円）！　この天文学的数値は、中国で稼働している33本の超高圧送電線と、いま建設中の38本の超高圧送電線の合計投資額です。世界のどの国も、これほど大規模の電力システムのインフラを構築する余裕はないでしょう。

たしかに中国の西の端から東海岸まで結ぶような超長距離で超高圧の送電線を何本も建設した経験のある国はなかったにちがいない。だから中国は太陽光電源を西から東に運ぶ作業を完遂するまでに、いくつもの「世界初」を生み出していると、「華夏能源網」は書いている。注目すべきは2022年1月24日午後、中国共産党中央委員会政治局がカーボンピークとカーボンニュートラルの目標達成に向けた努力に関する「第三十六次集団学習会議」をしたときのことだ。会議で習近平は以下のように言っている。

――大型の風力と太陽光発電を基盤とし、その周りのクリーンで効率的かつ先進的な省エネの石炭火力に支えられながらも、安定した安全で信頼できる超高圧送電線建設を兼ね備えた新エネルギー供給システムを計画し重点的に建設することに力を注がなければならない。

習近平のこの言葉に代表されるように第14次5カ年計画には、図表2-7のような超高圧送電線建設計画が盛り込まれている。

ここが政権がいつも変わっている他の民主主義国家と違うところだ。

大統領選や首相の選挙に膨大な時間と金銭を注いで、それまで築いてきた前政権の実績や政

図表2-7 第14次5カ年計画における送電線（超高圧直流工事）一覧

線路	電圧	現状
金上―湖北	±800kV	2023年1月に承認、2023年2月16日に看工。
甘粛東部―山東	±800kV	2023年2月27日に承認、2023年3月16日に着工。
クムル―重慶	±800kV	2023年1月9日に環境影響評価が公表され、3月1日に新区間の社会的安定リスク分析が公表され、送電端の新エネルギープロジェクトは 2月27日に入札関始。 このラインの前段階作業はかなり進んでおり 、近日中に承認される見込み。
寧夏―湖南	±800kV	2023年1月6日に環境影響評価が公表され、3月3日に一部のラインの最終調査が完了。 これにより前段階作業がかなり進んでおり 、同様に近日中に承認される見込み。
チベット東南部―広東香港マカオ	±660kV	2022年1月に可行性（可能性）調査を開始 、2023年3月に広東清遠区間で社会 的安定リスク分析が公表され、2023年内に承認される見込み。
モンゴル西部―北京天津河北	±800kV	2022年11月には依然として可行性調査段階にあり、2023年1月29日に内モンゴルが2023年の経済および社会発展計画を発表し 、このラインの年内承認と着工を目指すと提案。 2023年内に承認される見込み。
陝北―安徽	±800kV	2023年2月20日に可行性調査入札、5月11日に環境影響評価が公表され 、2024年に承認される見込み。
陝西―河南	±800kV	2022年6月に予備可行性調査を開始、2023年3月28日に可行性調査及び調査設計の入札を実施。2024年に承認される見込み。
甘粛―浙江	±800kV	2022年4月に予備可行性調査を開始 、2024年に承認される見込み。

華夏能源網を基に筆者和訳

策を覆す制度の中では成立しない国家の決意と断行がある。「言論弾圧」など一党支配体制がもたらすディメリットももちろんあるが（筆者はそれには断固反対だが）、少なくとも国家が指導し計画遂行する経済体制のメリットを余すところなく発揮した結果と言えるだろう。

五、新疆ウイグル自治区に広がるスマートシティとアメリカの制裁

新疆ウイグル自治区にはテスラのCEOイーロン・マスクも力を注ぐ太陽光スマートシティがある。その光景の一つを図表2-8に示す。

太陽光発電で絶対に中国に勝てないアメリカでは２０２１年12月23日にバイデン（前大統領）の署名を受けて、「ウイグル強制労働防止法」を成立させた。

すると習近平は間髪を入れず、２日後の12月25日に新疆ウイグル自治区の書記に広東省の馬興瑞省長を就任させた。

馬興瑞は工学博士で教授、国際宇航（宇宙航行）科学院の院士でもあり、「若き航空元帥」という綽名さえ持っていた。そのため２００７年から２０１３年３月まで第一章で触れた「中国航天（宇宙）科技集団公司」の総経理を務めていただけでなく、「中国有人航天（宇宙）工程副総指揮」や「中国月探査工程副総指揮（２００８年11月から２０１３年３月）」をも兼任していた、

図表2-8　新疆ウイグル自治区の太陽光スマートシティ

出典：中国のウェブサイト「快科技」

根っからの宇宙工学の科学者だ。

２０１３年には目まぐるしい変化があった。3月に突然、中央行政省庁の一つである「工業と信息（情報）化部」の副部長（副大臣）や国家航天局（宇宙局）局長など、行政方面への職位を馬興瑞は与えられた。加えて同年11月になると習近平は突如、馬興瑞を広東省（中国共産党委員会）副書記に任命。

異常な人事異動だった。なんとしても深圳（しんせん）を中国の最先端シリコンバレーに持っていきたい習近平のこだわりがあったからだろう。

馬興瑞は２０１５年から２０１６年までは深圳市の書記なども兼任しながら、２０１７年には広東省（人民政府）の省長に任命されている。途中はあまりに細かく複雑で兼任が多すぎるので省略する。

広東省にいる間に最も注目しなければならないのは、馬興瑞は広東省の凄まじい経済発展に貢献しただけでなく、中国のシリコンバレーといわれる深圳を、さらにハイテク化に向けて磨きをかけ、アメリカに脅威を与えるレベルにまで成長させたことだ。

実は深圳は、習近平にとっては特別の場所である。

2012年11月15日に中共中央総書記に就任した習近平は、翌12月に最初の視察先として深圳を選んだ。そこは父・習仲勲（しゅうちゅうくん）が「経済特区」と命名して開拓した地にほかならない。鄧小平（とうしょうへい）の陰謀によって16年間におよぶ監獄・軟禁生活を強いられたあとの習仲勲の仕事への奮闘ぶりはすさまじかった（詳細は拙著『習近平　父を破滅させた鄧小平への復讐』）。

その深圳で誓いを立てたかのように、習近平は北京に戻るとすぐにハイテク国家戦略「中国製造2025」に手をつけ始めた。おそらくこの線上で突如、馬興瑞を広東省に派遣することを習近平は決めたのだろう。だから異動のさせ方が尋常でない。

深圳をハイテク都市にした馬興瑞の辣腕を今度は新疆で発揮させ、アメリカから制裁を受けている分野を逆手に取っていくのが習近平の戦略だと言っていいだろう。

2023年9月4日の「新疆日報」傘下の天山網というウェブサイトは、「新疆デジタル経済の規模が5000億人民元（約10兆円）の大台に達した理由」として以下のような背景があると報道している。

●2022年の新疆デジタル経済の規模は4906億人民元（約10兆円）に達しGDPの28・42％を占めているが、それはデジタル化が実体経済と密接に関係しているからだ。

●たとえば綿花畑にいつ水をやり肥料を与える必要があるのか、どの地域に害虫や病気が発生しているかなどを、農家が家にいてスマホ一つでリアルタイムで、衛星観測によって綿の栽培状況を監視することができる。

●新疆ソフトウエア・パークには300以上の企業がパーク入りした。

●新疆における5G基地局数はこれまでに5・7万カ所となり、年間平均成長率は109・56％に達している。すべての市・県・郷と90％以上の村は、5Gのネットワークをカバーしている。

●デジタル技術を利用して石炭の採掘のリモート作業を実現し、鉱山の輸送スタッフの80％削減を実現しただけでなく、効率を上げている。

●タリム油田でアジア初の1万メートルの油井を5G信号ですべてカバーし、採掘設備のリアルタイム監視を実現した。

●デジタル経済を活用し、新疆の農村の電子商取引を発展させ、農産品の販売を活発にし、農民の収入を増やした。

●新疆は豊富な電力を活かして2024年3月に、カラマイ市で新疆初のインテリジェント・クラウドコンピューティング・パワーセンターを設立し、AIによるリモートコントロールを可能ならしめている。またウルムチ市では国家レベルのクラウドコンピューティング・パワーセンターを準備している（筆者注：AIを動かすには大量の電力を必要とする）。

●「クムル―重慶」間の超高圧送電線を建設しており、企業が集中している重慶に向けて、クムルで大規模クラウドコンピューティング・パワーセンターを設け、計算能力の増強を図っている。（天山網からの情報は以上）

天山網にある最後の二つの現象を「東数西算」と称する。「東数西算」とは、「東部で必要とするデータは、西部がインテリジェントなクラウドコンピューティング・パワーセンターで『算力（処理能力に近い意味。コンピューティングパワー）』を用いて供給してくれる」という意味だ。2024年4月7日の新華網は、「なぜ新疆が国家レベルの統合コンピューティング・パワーセンターを設立するに至ったのか」というタイトルで、以下のように書いている。

――現在、インテリジェント・コンピューティングパワー市場は出現したばかりだが、急速な発展を見せている。将来、AI技術の発展により、市場空間はさらに拡大するだろう。たとえば、新疆のクムル市を例に取るなら、現在すでにアラトゥルク（伊吾）統合コンピューティングパワーセンターの第一期プロジェクトは完成しており、128P（ペタ）の処理能力を持っている。今はその応用測定試験段階に入っており、北京、重慶、鄭州などの多くの企業がそのテストに呼応しようとしている。プロジェクトの第二段階では1000Pのインテリジェント処理能力があり、6月に完成する予定だ。その規模は2万Pに達すると予想されている。

ここに書いてある「P」というのは、コンピュータの処理能力を表す単位の一つで、「1秒間に浮動小数点演算を何回できるか」という能力を表す。「1P」は1秒間に「10の15乗」回（1京回）の「浮動小数点演算ができる」という意味だ。2024年7月17日の中国の毎日経済網は「新疆インテリジェント・コンピューティングセンターのデータルームは基本的に設計段階を完了し、建設段階に入ろうとしている」と報じている。

2024年4月30日の新疆ウイグル自治区人民政府網は「エネルギーの出力からコンピューティングパワーの出力まで、新疆ハミ市（=クムル市）はコンピューティングパワー産業の新しいトラックを開発するために全面的に力を発揮している」というタイトルの情報を発信している。

それによれば、クムル市アラトゥルク（伊吾）県でクラウド統合コンピューティングパワーセンターが完成し、コンピューティングパワー産業が正式に開始したとのこと。２０２３年のエネルギーコンピューティング統合（クムル）研究所の設立以来、多くの大手企業がコンピューティングパワー・プロジェクトに署名した。コンピューティングパワー業界のエコロジカルクラスターを構築するという点では、ますます注目を集めている。

新疆のクムル市を選んだのは、なんと言ってもクムル市は太陽光発電を可能ならしめる日照時間がもっとも長い地域の一つだからだ。そのためあり余るほどの太陽光発電量がある。超高圧送電線建設には少しだけタイムラグがあったとしても、そのタイムロスを埋め合わせるために、「算力」を東部に送る形のエコロジカルクラスター構造を立体的に創り上げようという試みがなされ始めたことを意味する。

天才的な宇宙工学者である馬興瑞博士を新疆ウイグル自治区の書記に任命した習近平の狙いは、その宏大な目標を達成する形で実りつつあると言っていいだろう。

２０２１年6月24日、新疆ウイグル自治区で大量生産される綿花や太陽光パネルなどに関わる新疆ウイグル自治区にある数社を「強制労働や監視活動など人権侵害に関わった疑い」でアメリカは制裁リストに入れた。

しかし、たとえば２０２３年10月30日の中央テレビ局ＣＣＴＶは「新疆の綿花〈金の卵〉は如何にして生み出されるのか　デジタルコットンの産業チェーン」と題して新疆の綿花栽培の大規模機械化の動画を特集した。その中の一枚を図表2-9に示す。

また、2024年4月27日の中央テレビ局CCTVは、「新疆綿花栽培の機械化率が100%に達した」として多くの映像を映し出している。その中の一つを図表2-10に示そう。いつもスマホで管理しているが、どうしても必要になったときに人が一人くらいは現場に行って確認する状況を表している。アメリカが「強制労働」による人権侵害を理由として新疆の綿花関係企業を制裁する理由は正当性を失う。

太陽光パネルを製造する関連企業にもアメリカは大きな制裁を加えているが、アメリカのウォールストリート・ジャーナル（WSJ）は「アメリカで販売されている太陽光パネルの約85%は輸入品で、その多くは中国企業が製造している」とした上で、「2035年までに電力網をカーボンフリーにしたいと考えているバイデン政権にとって、中国の太陽光パネル産業を制裁ターゲットにするのは難しいのではないか」と報道している。またアメリカの業界団体は「世界で販売されている太陽光パネルの大半は、中国の技術に依存している。中国はサプライチェーンのすべての部分、特に太陽光パネルの原料となるシリコンウエハーの生産においてリーダー的存在だ」と懸念を表明しているとWSJは伝えている。つまり中国の太陽光パネル関連企業を制裁リストに入れることによって最も困るのは、アメリカではないかという疑念を呈して

図表2-9 新疆の綿花栽培の大規模機械化

出典：CCTV

図表2-10 新疆綿花栽培の機械化率が100%に

出典：CCTV

いるのだ。

アメリカが制裁を強化すればするほど、中国新産業の生産能力は強靭化していく。新疆ウイグル自治区の例は、それをまざまざと証明しているように見える。トランプ2・0では化石燃料を重んじ、パリ協定からの脱退を宣言したほどなので、新エネルギー産業領域における中国の独り勝ちを崩すことは、一層困難になるのではないだろうか。

第二章

世界の64％を占める中国製EV

一、中国製EV成長の推移と世界シェア

まず中国のガソリン自動車とEV（電気自動車）を含めた自動車総生産台数の推移を見てみよう。

図表3-1をご覧いただくと、自動車の総生産台数が2008年から2010年にかけて急激な伸びを示していることがわかる。EVに関しては2011年あたりから現れ、2021年以降、いきなり劇的に増加し始めた。

図表3-2から見えてくるのは、中国の自動車が2008年にわずかにアメリカを抜いているが、2009年になると大きくアメリカを上回りはじめたことだ。2008年にアメリカでリーマン・ショックがあったため、1903年以来の「自動車の街」として光り輝いていたデトロイトでゼネラルモーターズやクライスラーが破産するというショッキングな出来事があった。その後いくらか持ち直したものの、アメリカ自動車産業は光を失い、中国がひたすら成長していく。2010年には日本を抜き、あの衝撃的なGDPランキングの逆転が起きた。中国が日本のGDPを抜いて、世界第二位に躍り出たのだ。

そうでなくとも天安門事件後の経済封鎖を日本が最初に解除したために、他の西側諸国もわ

図表3-1　中国の自動車・EV生産台数の推移

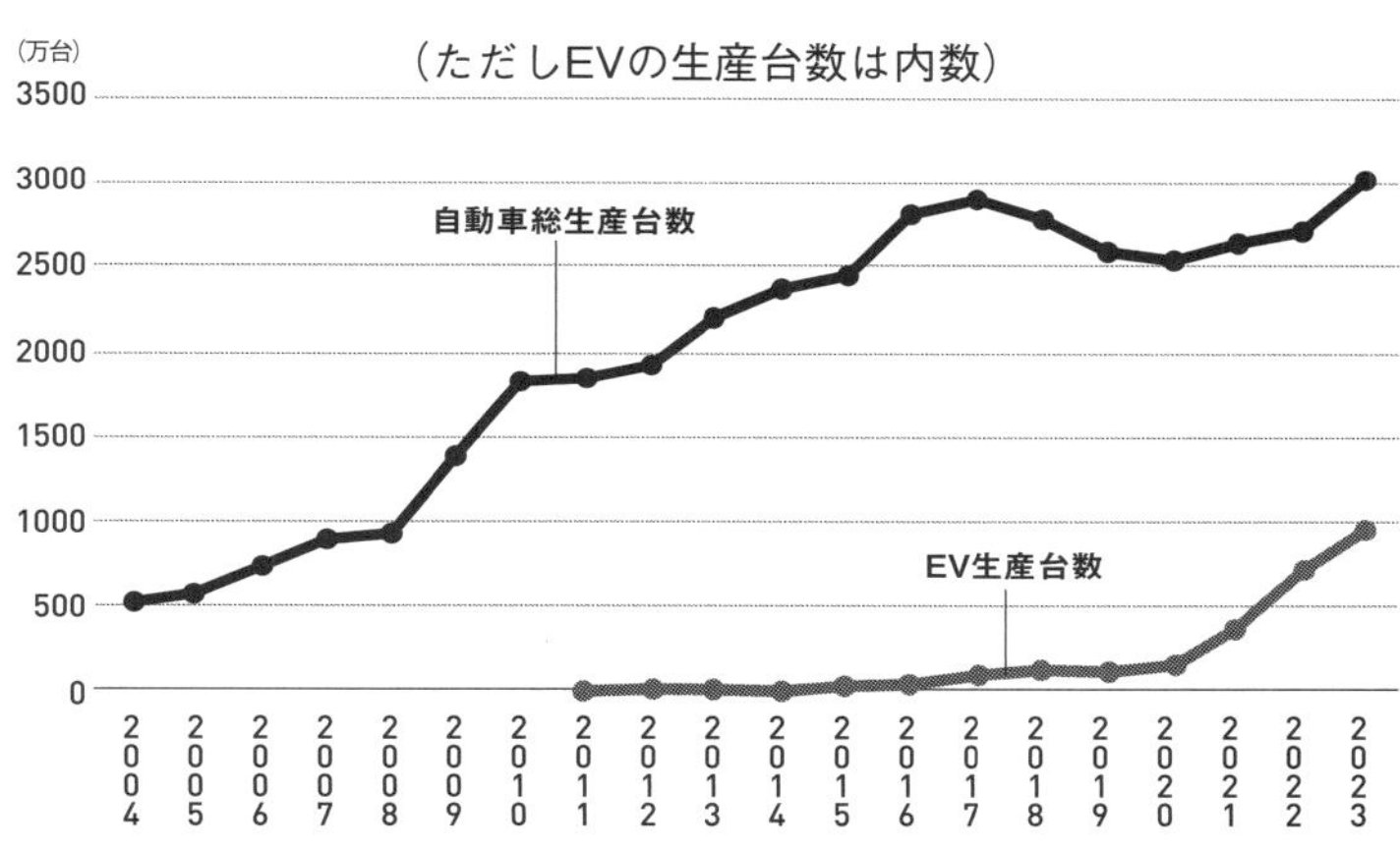

国家統計局と中国自動車工業協会のデータを基に筆者作成

図表3-2　自動車総生産台数の主要国推移

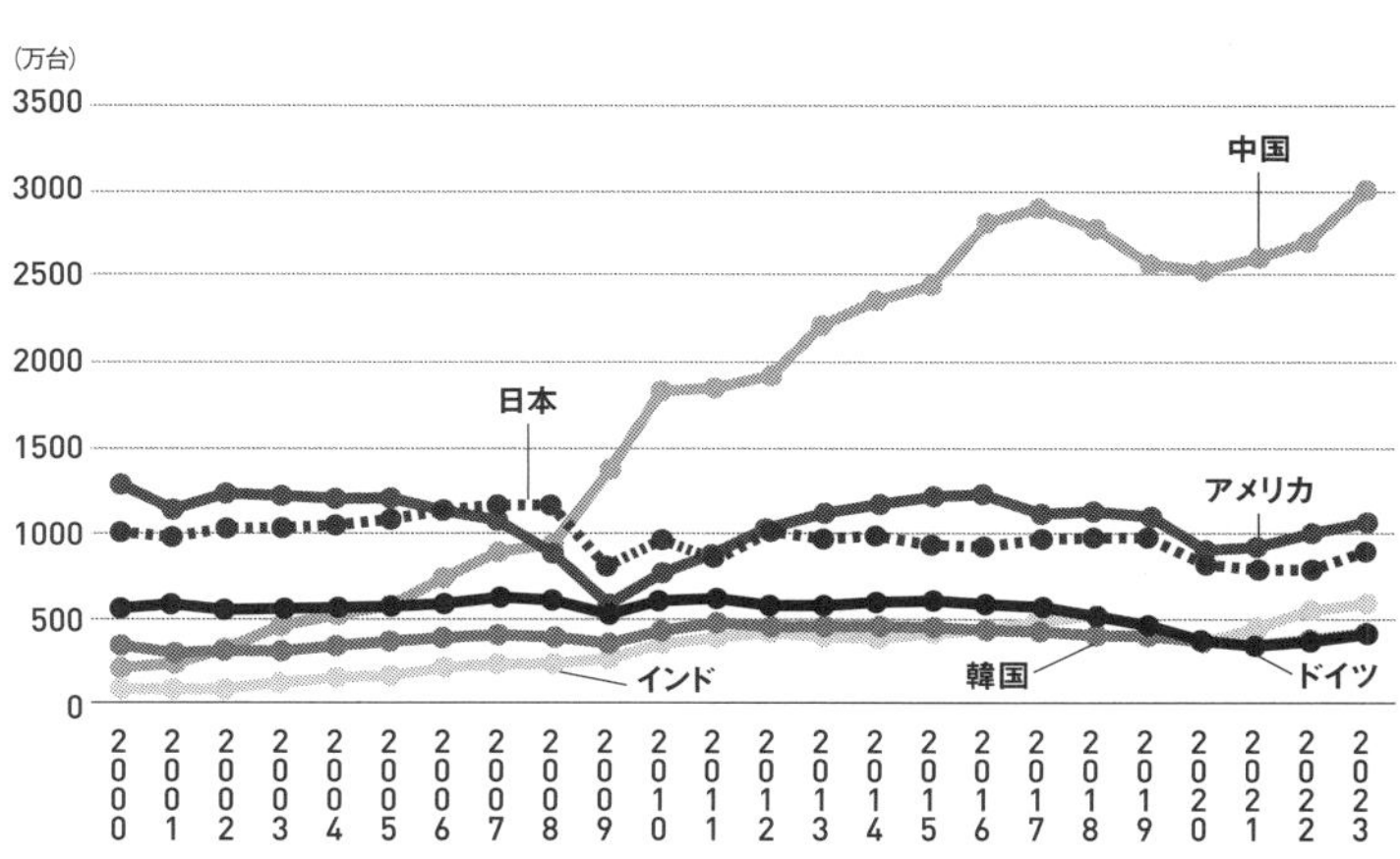

国際自動車工業連合会OICAのデータを基に筆者作成

れ先にと中国市場に飛び込んでいったので中国経済の驚異的な成長をもたらしていた。加えて1991年末の旧ソ連崩壊によりアメリカがグローバリゼーションを唱え始めて中国を世界の工場に仕立て上げていったため、アメリカの製造業は完全に空洞化していた。それに追い打ちをかけたのがリーマン・ショックだったと言っていいだろう。

それ以降は中国の独り勝ちで、特に習近平政権になったあとの2013年以降の成長が著しい。2019年から2022年にかけてはコロナの流行があったため下降しているが、2023年からは勢いを取り戻してきた。

コロナ期であるにもかかわらず、2021年から中国製EVは急増しているのが見て取れる。世界各地域と中国のEV販売台数の推移を図表3-3に示した。図表3-3のほうが図表3-1よりも、中国製EVの急増が顕著に見て取れるかもしれない。図表3-3で主要国別比較ではなく、なぜ「各地域別」比較のデータしかないかと言うと、ヨーロッパの自動車会社は世界各地に散らばっていて、たとえばボルボは中国の吉利(ジーリー)に80%の株を買収されており、ドイツのフォルクスワーゲンもドイツ製と中国製（中国フォルクスワーゲン＝大衆など）があるので、ざっくりと北米とかヨーロッパといった「地域」で分類したデータしか存在しないからだ。

図表3-3から明らかなように2021年以降は、EVも中国の独走状態が続いている。時間を区切って、2023年時点における世界シェアを図表3-4に示した。ご覧の通り、中国

図表3-3　中国と世界各地域EV販売台数推移

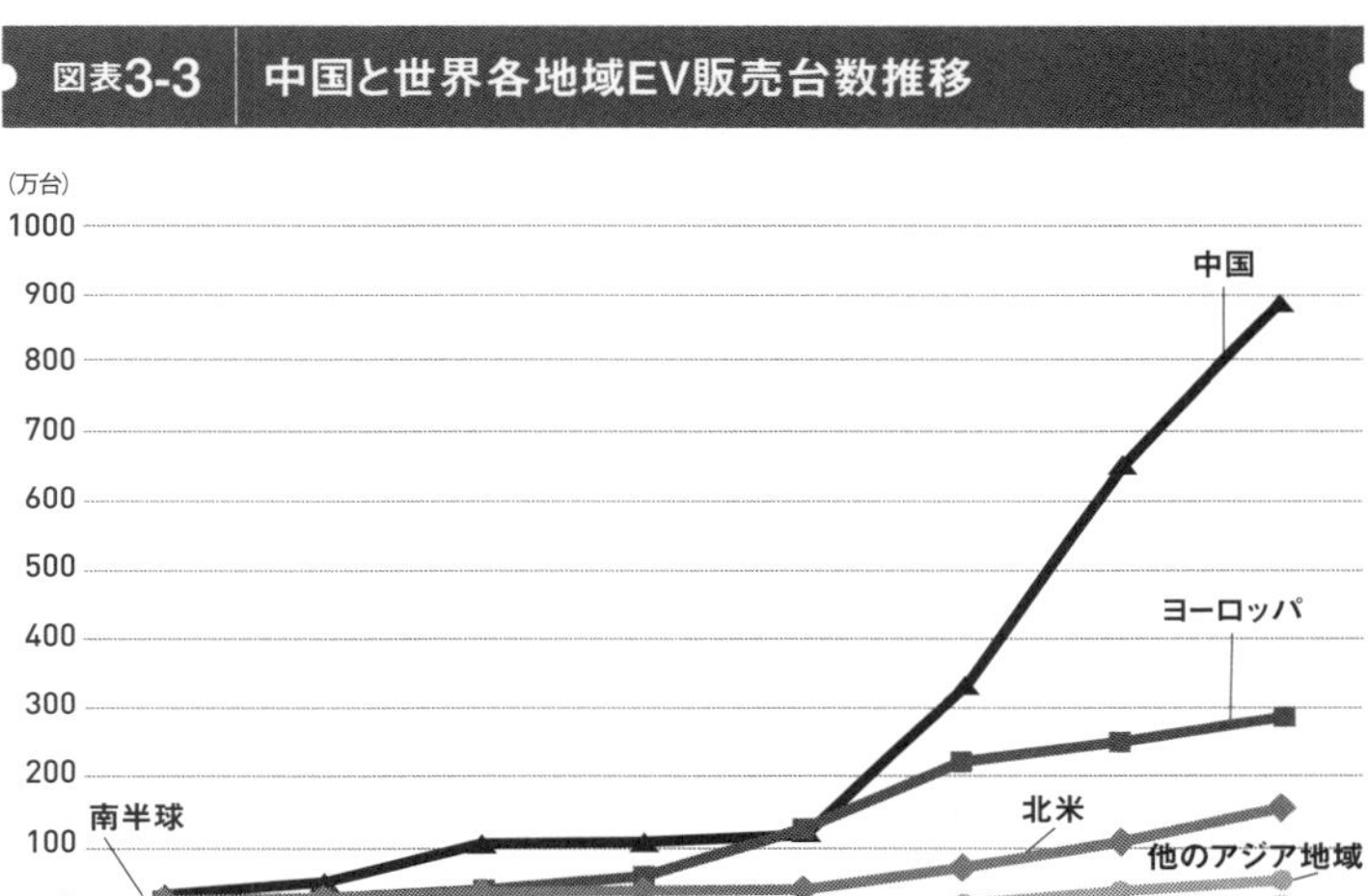

乗用車市場情報連席会・崔東樹秘書長のWechat公衆号のデータに基づき筆者作成

図表3-4　2023年の中国と世界各地域EV販売台数の割合

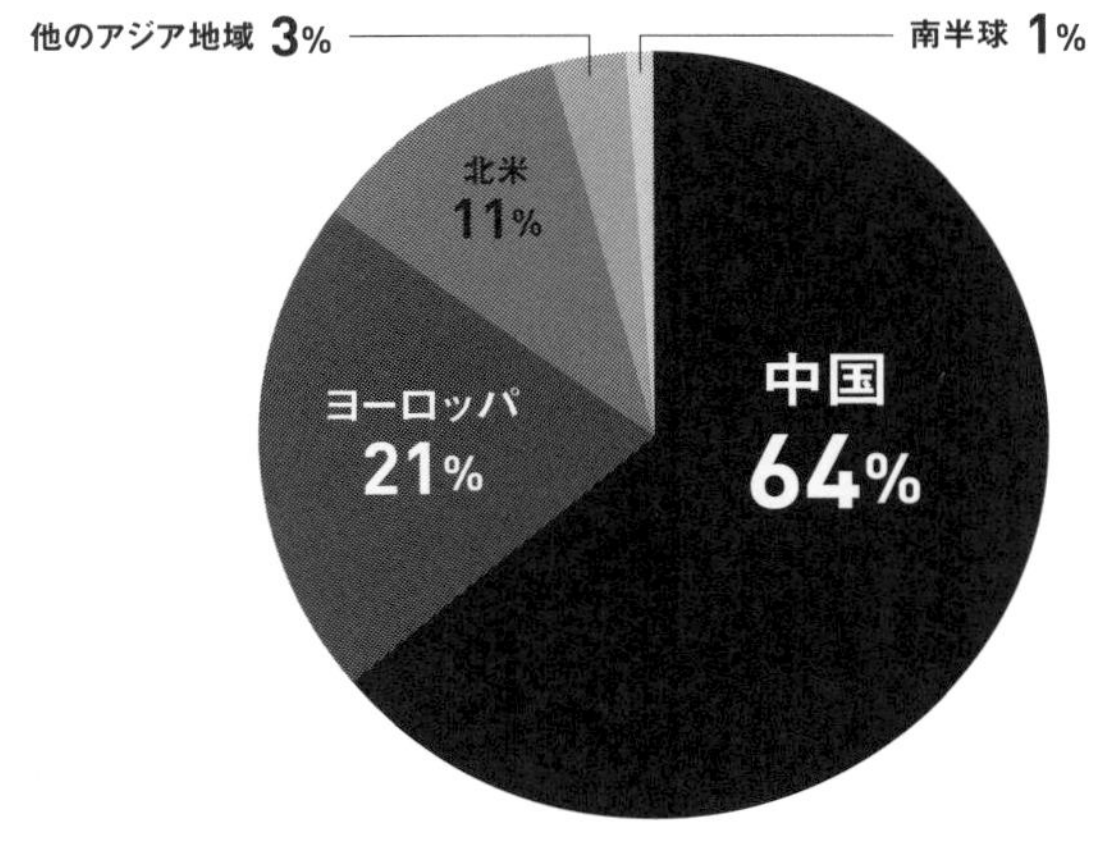

乗用車市場情報連席会・崔東樹秘書長のWechat公衆号のデータに基づき筆者作成

製ＥＶは世界シェアの64％を占めている。

二、なぜ中国製ＥＶは爆発的に成長したのか？

では、なぜ中国のＥＶは、こんなにまで爆発的に成長したのだろうか？

その回答の一部は前著『噬う習近平の白い牙　イーロン・マスクともくろむ中国のパラダイム・チェンジ』と重なるが、それをお許しいただき前著をご覧になっておられない方のためにも、成長した背景を改めて考察してみたい。

まず２０１５年に習近平が発布したハイテク国家戦略「中国製造２０２５」では、２０２５年までに新エネルギー車の普及率を20％にする目標を立てていた。それを実現するために、習近平はテスラのＣＥＯイーロン・マスク氏を中国入りさせるべく、ある戦略を講じた。

改革開放後の中国では、外資による企業を中国で設立する場合は、必ず中国企業との合弁でないと許可されない規制があった。おまけに「中国側51％」に対し「外資側49％」と、わずか「1％」ではあっても決定権において必ず中国側の優位性を保たせてきた。

それなのに２０１８年4月10日、習近平は突然「新エネルギー車分野であるなら、合弁の際の出資割合の制限を年内に緩和する」と宣言し、4月17日に発展改革委員会が年内撤廃と発表したのだ。これは驚くべき「改革開放の新たなる突破」であった。

すると、それに呼応してテスラのイーロン・マスクは２０１８年5月10日に、初めて中国現地企業との合弁ではない「独資の外資系企業」として、香港法人を株主とする「テスラ上海有限公司」の営業許可証を獲得したのである。習近平の宣言と、テスラの営業許可証取得との間にわずか30日間しかないのは、あまりに奇異だ。最初から習近平とイーロン・マスクの間では、水面下での話し合いが成されていたと考えるのが自然だろう。

かくして２０１９年12月30日に、初のテスラ上海工場でのＥＶを完成させ、納車するに至る。あの憧れのテスラのＥＶが安価に手に入る！　中国の自動車購入層には大きな魅力だったにちがいない。

アメリカで製造されたテスラＥＶは、当然原価も高価であれば輸入するときの関税などもかかって、中国に到着したときには高嶺の花になっていた。しかし上海工場で製造されるテスラＥＶは、テスラというブランド名があるのに、庶民の手の届く低価格帯で販売された。すると庶民がＥＶを買い始める。となると、中国現地の他のＥＶメーカーが「負けてなるものか」とばかりに張り切り始めた。

習近平は、それを狙っていたのだ。なぜなら２０１５年に「中国製造２０２５」を発布して新エネルギー車の成長を提唱しても、市場の反応はイマイチだったからだ。２０１７年に中央政府補助金を出すという知らせを出しても、消費者もメーカーもやはり今一つという反応だったのである。イーロン・マスクを100%外資独資で中国入りさせたのは、自国EV製造業への「刺激策」だったのだ。

最初に名乗りを上げたのは「上海通用五菱」というメーカーである。

初期段階で「五菱宏光ミニEV」と「テスラモデルY」という二つの「キラー」ニューモデルが競争を始めた。2020年9月と2020年12月に発売された2モデルは、2021年の中国のEV販売台数の増加量のほぼ半分(43%)に貢献した。この二つのモデルの成功は、低価格帯モデル(12万人民元=約240万円以下)と高価格帯モデル(30万人民元=約600万円以上)に分けたことにある。低価格帯モデルと高価格帯モデルの二分化は今も機能しており、五菱宏光はさらに安い超低価格で勝負し成功している。

そこに猛然と挑戦してきたのがBYD(比亜迪)だ。同社はもともと電池のメーカーで、1995年に王傳福氏(1966年生まれ)によって深圳市で創設された。王傳福氏は小さい頃は極貧の生活を送っており、生まれてきたこと自体が食い扶持を増やすとして歓迎されなかったようだ。13歳のときに父親が病に倒れたが病院に行くお金がないために亡くなり、15歳のときには母親も突然死した。孤児になってしまった王傳福を助けてくれたのは長兄と義理の姉だった。ギリギリ喰いつめながら何とか大学に進学し、1987年に中南大学冶金物理化学学部を

図表3-5　アップルCEOクックと談笑する王傳福

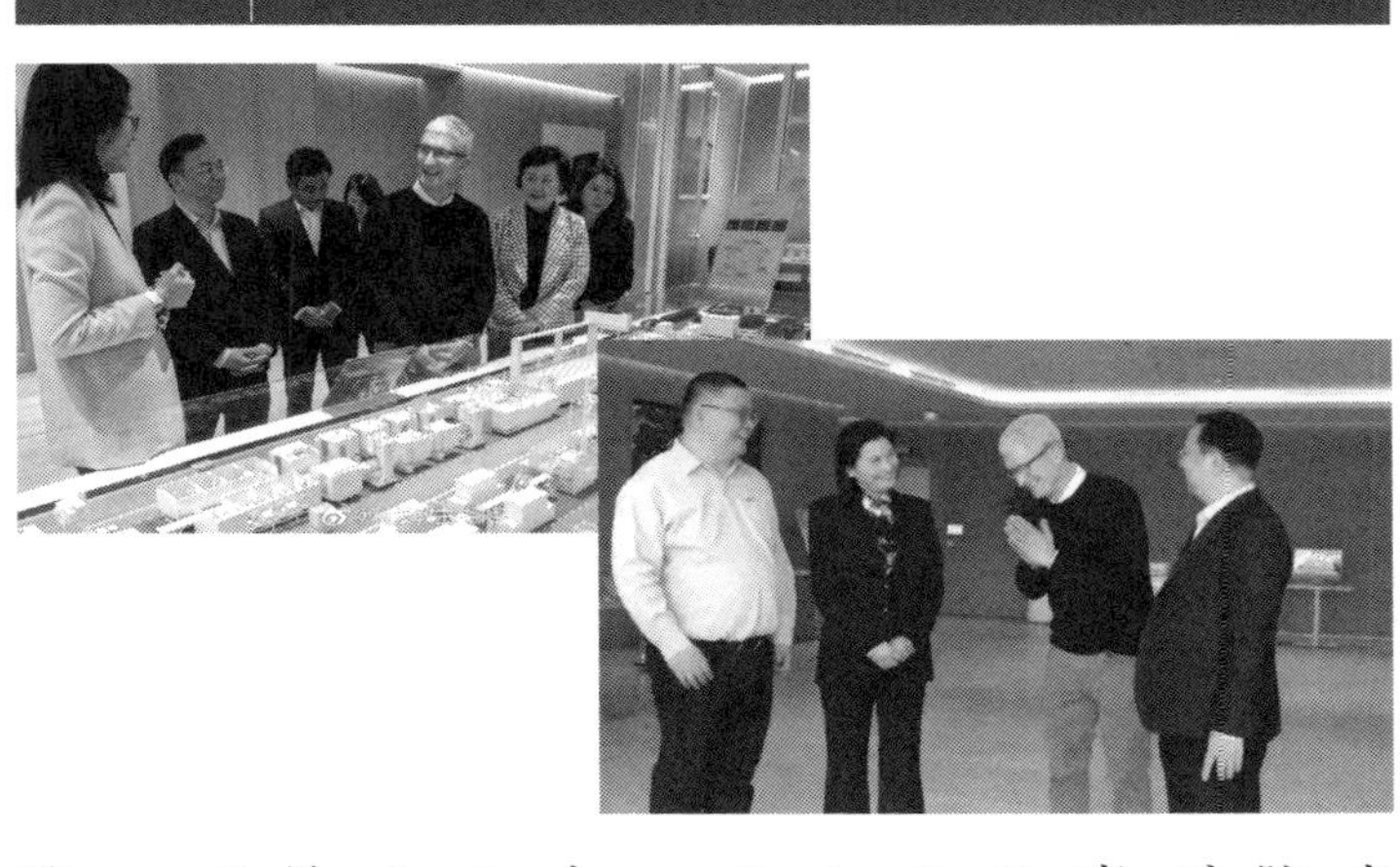

卒業した。電池の研究に強い興味を持ち、中国科学院の北京有色金属研究総院の修士課程に進学する。だが成績があまりに優秀なので、そのまま残って仕事をし、26歳で研究院３０１号室の副主任に抜擢され、当時最年少の部門レベルの幹部になった。１９９３年に研究総院が深圳に比格（bige）（ＢＩＧ）電池公司という企業を創立すると、王傳福は総経理に任命されるという順調な滑り出しだった。

そのような中、王傳福は電池こそが巨大な投資機会に直面していると直感し、安定した地位を捨てて１９９５年2月にＢＹＤを創業するのである。「最も燦爛（さんらん）たる景色は常に崖っぷちにあり、富は常に危険な状況から姿を現す」という信念が王傳福を支えていたという。

小さな工場に20人ほどの仲間を引き連れ、まず携帯電話用の電池を製造し始めた。１９９６年からリチウム電池の研究を始め、98年にはリチウム電池の量産に成功している。ようやく兄夫妻に恩返しをすることができたわけだ。

ＥＶ製造に不可欠の動力である電池領域において長年の技術の蓄積があっただけでなく、ＢＹＤは電子機器の受託製造サービス大手でもあった。ｉＰｈｏｎｅの受託製造を15年間以上引き受けてきたくらいだから（図表3-5参照）、車の電子部品製造も自社で生産することができる。すなわち、サプライチェーンが自社内で完結しているようなものだ。

２００３年に西安秦川汽車有限会社（国有企業）を買収し、自動車産業に参入したのだが、ＥＶ製造に不可欠の三電と呼ばれる「電池、電動モーター、電子制御」などを自社で持っているので、すぐさま電池のみで走るＥＶ製造に着手した。

２００３年にＥＶ製造に着手したという意味では、テスラ本社も同年7月に創業されているので、ほぼ同じスタートラインに立っていたと言ってもいいかもしれない。

ＢＹＤが揺るぎない今日の世界トップの座を手に入れたのは、結論を先に言えば、２０２０年3月に「ＬＦＰ電池に基づく刀片電池（ブレードバッテリー）製造」に成功したからと言っていいだろう。ＥＶに使われているリチウムイオン電池には、「リン酸鉄リチウムイオン電池（ＬＦＰ）」と「三元系リチウムイオン電池（ＮＭＣ）」（リチウムイオン二次電池）の二種類があるが、両者には以下のような違いがある。

リン酸鉄リチウムイオン電池（LFP）

●正極材：リチウム（Li）、鉄（Fe）、リン（P）。鉄やリンは自然界に広く存在し埋蔵量も豊富。

●メリット：レアメタルを使わないので安価。熱への安定性が高いため異常発熱や発火、火災のリスクが低い。寿命が長い。

●デメリット：エネルギー密度が低いため航続距離が短くなる。三元系電池と同じエネルギー容量を得るには、より大きな体積が必要となる。

三元系リチウムイオン電池（NMC）

●正極材：ニッケル（Ni）、マンガン（Mn）、コバルト（Co）。レアメタルなので入手が難しい。

●メリット：エネルギー密度が高い。航続距離が長い。

●デメリット：レアメタルを使うので高価。高温環境下では劣化が起こりやすく、発火や爆発のリスクが高い。

このような特徴があるため、LFPは瞬間的に大きなパワーを要するEV向けには適さないとされてきた。しかしBYDはその課題を解決して、エネルギー密度の高いLFP電池の開発

図表3-6　中国国内におけるEVメーカー上位6社の販売台数推移

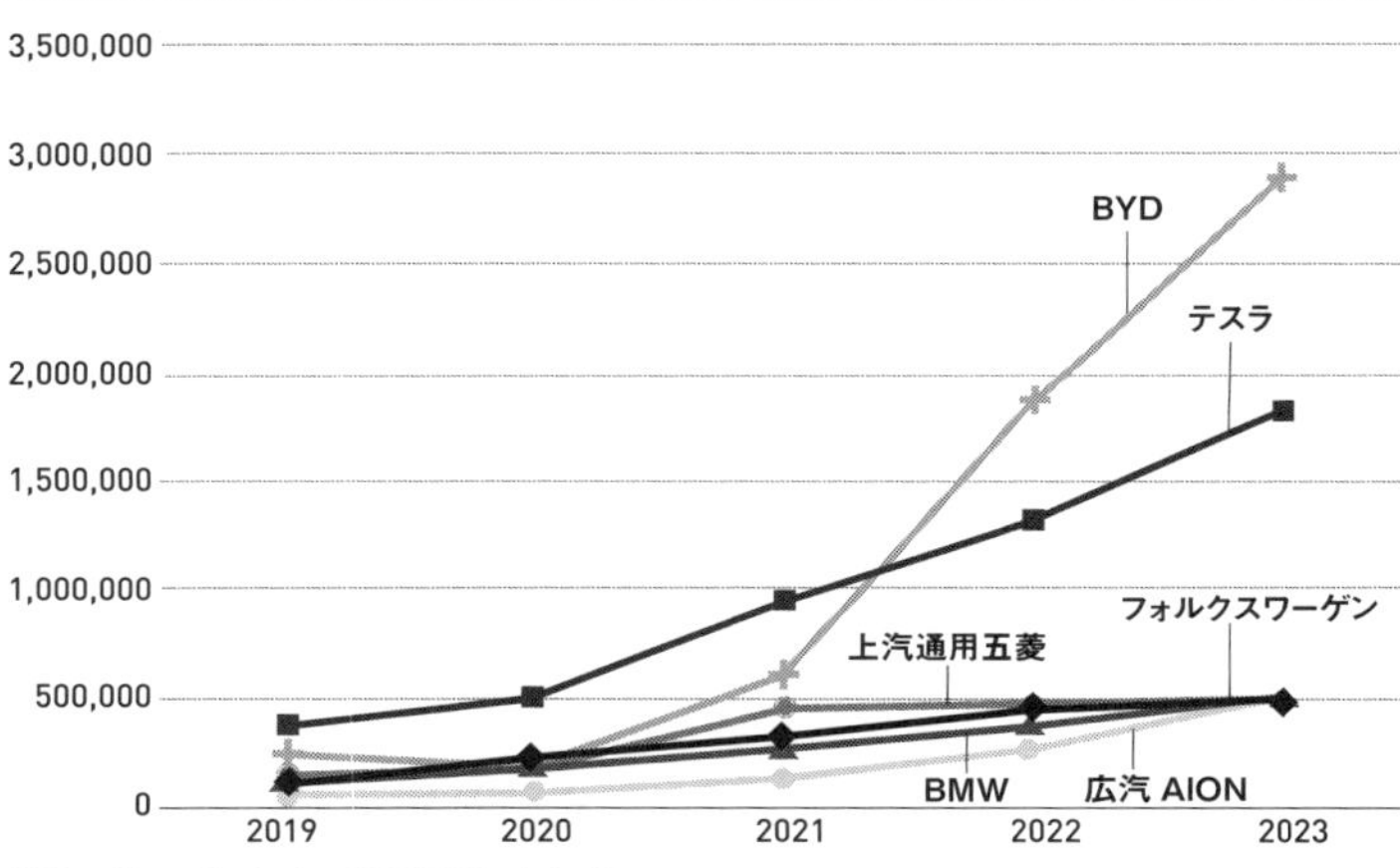

出典：CleanTechnicaの歴年ランキング

に成功したのだ。これが「ブレードバッテリー」だった。

ここからBYDの爆発的な快進撃が始まる。テスラ上海工場をはじめ他の中国のEVメーカーは、EV用電池をほとんど中国福建省にある「寧徳時代新能源科技（＝CATL）」から購入するので、どうしてもBYD製のEVより割高になる。同じ性能でデザインも悪くなければ、誰だって「より安いEV」を手に入れようと思うだろう。

しかしサプライチェーンが自社で完結しているBYDに勝つことはできない。かくして同社が中国内だけでなく、全世界でもトップのEVメーカーとして成長し続けているのである。

図3-6に中国内におけるEVメーカーの

販売台数推移をプロットしてみた。上海にはテスラもあり、フォルクスワーゲン（大衆）もあるので、念のために「中国でＥＶを生産している上位6社の販売台数推移」を示す。図表3-7に世界におけるＥＶメーカーのランキングを並べてみた。

なぜ中国製ＥＶが爆発的に成長したのか。中国全体を見渡したときに、やはりＢＹＤと同じように、中国国内で自給自足できる十分なサプライチェーンが存在していたことが大きい。

どのバッテリーにも、エネルギーを提供する化学反応を担う二つの電極「アノードとカソード」がある。酸化反応と還元反応で役割が異なる。リチウムイオン電池のアノードとカソードは、リチウムイオンが蓄えられる場所で、バッテリー内の電解質は帯電したリチウムイオンをカソードからアノードに、またはその逆に、放電および充電中に運ぶ。カソードとアノードの分離や折衝防止のために、両極間にセパレーター（隔膜）を置く。

２０２４年4月に発行されたＩＥＡ（国際エネルギー機関）の２０２３年リポートによれば、リチウムイオン電池製造のための、「コバルト精製：約78%が中国、カソード製造：90%が中国、アノード製造：98%が中国、バッテリーセル製造：83%が中国」で、他のデータは２０２２年と同じだった。したがって拙著『嗤う習近平の白い牙』の【第七章　習近平が狙う中国経済のパラダイム・チェンジ】の図表7-7（p．２４３）に掲載したデータと一部重なるが、リチウムイオン電池製造過程における中国のシェアを図表3-8に示す。

図表3-7 EVメーカーの世界ランキング

順位	メーカー名	国名	販売台数
1	BYD	中国	287.7万台
2	テスラ（52.4%が中国工場製）	アメリカ	180.9万台
3	BMW	ドイツ	50.0万台
4	広汽AION	中国	48.4万台
5	フォルクスワーゲン	ドイツ	48.2万台
6	上汽通用五菱	中国	47.6万台
7	リ・オート	中国	37.6万台
8	ベンツ	ドイツ	37.3万台
9	長安汽車	中国	35.1万台
10	吉利汽車	中国	33.2万台
11	上海汽車	中国	27.7万台
12	ボルボ	中国	26.6万台
13	アウディ	ドイツ	25.4万台
14	起亜	韓国	24.6万台
15	現代	韓国	24.3万台
16	蔚来	中国	16.3万台
17	フォード	アメリカ	16.1万台
18	ジープ	アメリカ	16.0万台
19	トヨタ	日本	15.5万台
20	零跑	中国	14.6万台

CleanTechnicaのデータを基に筆者作成

図表3-8 リチウムイオン電池製造過程における中国のシェア

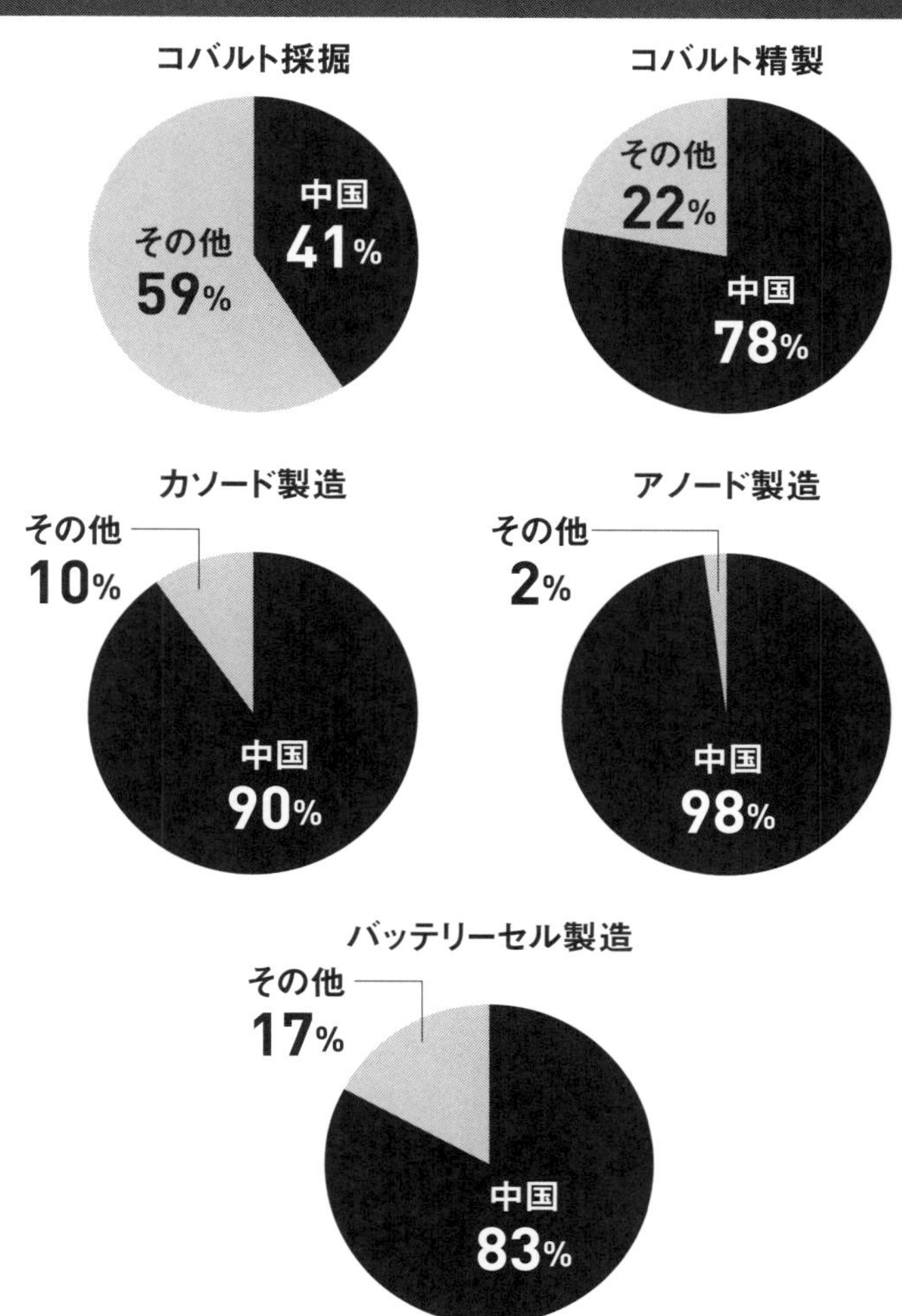

IEAのデータを基に筆者作成

ただしIEAリポート2023によれば、以下のような特徴があるとのこと。

●バッテリー化学の選択には性能、寿命、コストのバランスを取る必要があり、対象市場と用途によって異なる。LFPは暑い気候でより優れた性能を発揮し、NMCは寒い気候でより優れた性能を発揮する。

●2023年では、NMCが依然として主要なバッテリー化学であり、EV市場の50％以上を占め、LFPが約40％となっている。

●EVのLFPバッテリーの約95％は中国で生産されたEVで使用されているが、最近では中国以外のメーカーも独自のLFP製品の開発に投資している。

このように中国全体でEVを製造する際に、サプライチェーンがすべて自国国内で完結していることが言える。BYD以外のEVメーカーのリチウムイオン電池はほとんどすべて、前述した福建省にある「寧徳時代新能源科技（CATL）」から購入するので、自社製の電池を使うBYDよりやや割高になる。それでもサプライチェーンが国内にあるので、世界の他の国と比べれば、全体としての中国の独走傾向は変わらないだろう。

2025年1月8日になると、中国地質調査局は「2021年に開始されたリチウム探査により、湖南省・江西省・内モンゴル自治区で約1000万トンのリチウム雲母（レピドライト）鉱石、青海省で約1000万トンの塩水型リチウム鉱石、新疆ウイグル自治区で1000万トンのスポジュメン型リチウム鉱石など、一連の新しいタイプの鉱石が発見された」として、「中国のリチウム埋蔵量の世界シェアが6%から16・5%に増加し、世界順位が6位から2位に上昇した」と発表した。これにより新エネルギー車の生産能力が一層強化されることになる。

なお日本では春先になると必ず「中国のＥＶ墓場」といった類の「中国経済崩壊論」が現れてきて、「前月比が激減！」「中国はもうおしまいだ！」と書いて一部の日本人を喜ばせ「安心させる」記事が目立つようになる。２０２４年もそうだった。

なぜ「前月比激減」という現象が春先に起きるかというと、それは「西暦の1月末から2月初めにかけて春節（旧正月）があるから」だ。中国は西暦の正月は祝わないが、旧暦の正月では必ず実家に帰り一家団欒を祝う習慣がある。それくらい「旧暦」を重んじており、３６５日、1時間ごとに報道する中央テレビ局のニュースも必ず「本日は○月○日、○曜日。農暦の○月○日です」と最初に言う。旧暦を中国では「農暦」と呼んで非常に重んじている。

図表3-9に月ごとの中国製ＥＶの販売台数の推移を示してみた。旧正月のときには、押しなべてＥＶの消費が下がる。実家に戻るのが最優先で、そのお土産や宴あるいは「お年玉」などにお金を注ぐのが中国だ。その時期には車だけでなく家を買う人もほとんどいない。

なお誰にでも新しく購入したために使わなくなった古いスマホの残骸が二つや三つは捨てられずに家にあるのではないかと思うが、ＥＶにも消費期限があるし、新しいモデルが出たら直

図表3-9 中国EV販売台数の推移

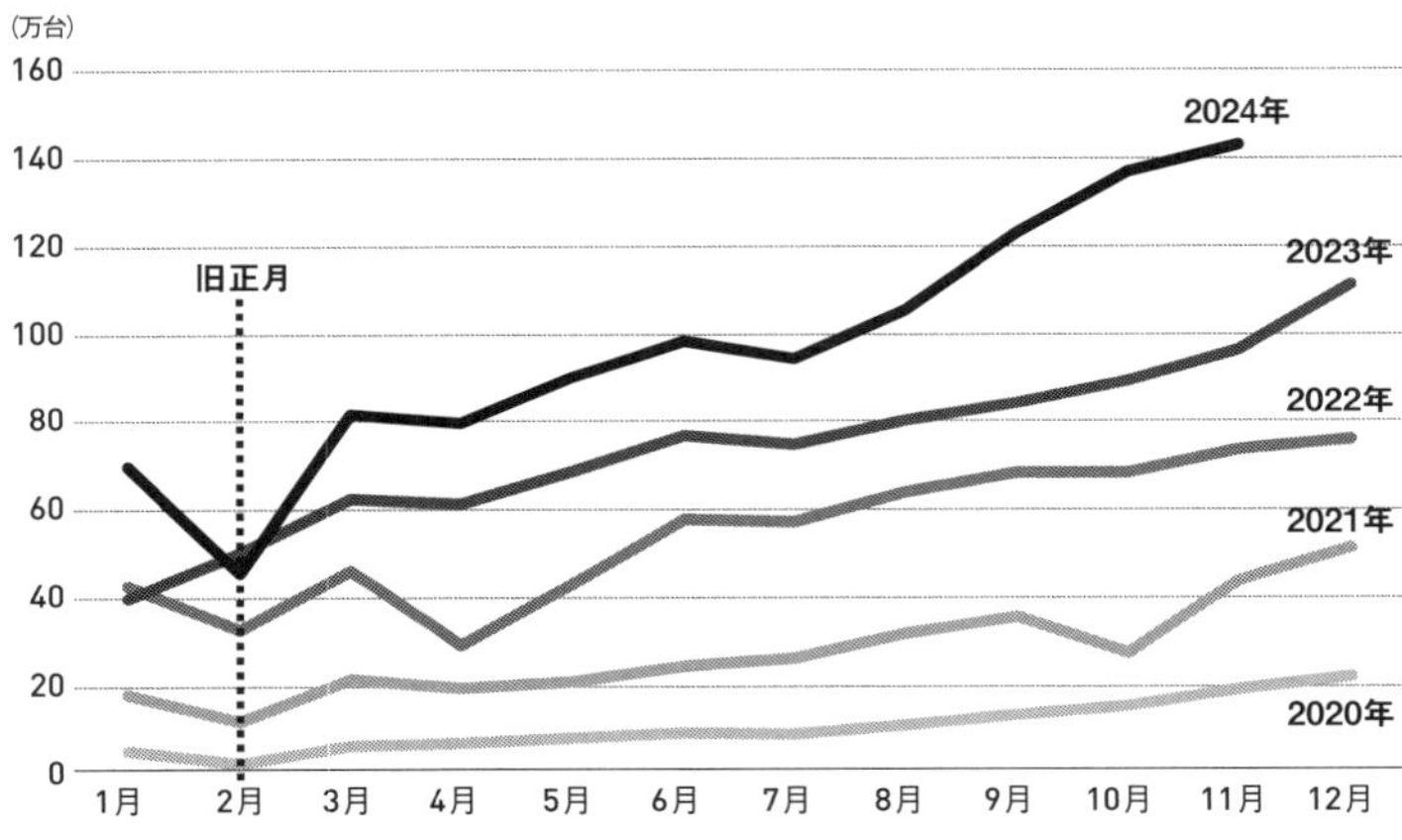

乗用車市場情報連席会・崔東樹秘書長のWechat公衆号を基に筆者作成

図表3-10 主要国・地域におけるEV研究開発に対する補助金

国	時期	内容	金額
中国	2001～2010	863計画電動自動車重要・特別プロジェクト	20億人民元（260億円）
日本	2007～2011	次世代自動車用電池技術開発プロジェクト	200億円
アメリカ	2009～	先進的電池及びEVの新規プロジェクト	24億ドル（約2200億円）
EU	2009～	グリーンカー・イニシアティブ	50億ユーロ（約6500億円）
ドイツ	2009～	Electromobilityの国家開発計画	20億ユーロ（約2600億円）
フランス	2009～	EVの試験計画、バッテリー生産及び環境対応車 生産メーカー支援	25億ユーロ（約3300億円）

平成21年度 第2回「環境対応車普及方策検討会」を基に筆者作成

ぐに購入して古いモデルを捨ててしまう人もいるわけだ。その一時的な捨て場があるのも事実で、その写真を撮って「中国ＥＶ墓場」と喜んでいるのは空しくないだろうか。そう言っている間も、中国のＥＶは進歩を続け、猛威を振るっている。

最近ではＡＩ技術を搭載したＥＶが多くなっているのでＥＩＶ（Electric Intelligent Vehicles＝智能化ＥＶ）と呼ぶことが多く、買い替えはさらに盛んになるかもしれない。

三、欧米が非難する中国政府補助金の推移と現状

欧米には、いま盛んに安価な中国製ＥＶが「津波」のように押し寄せてきている。そこで自国のＥＶ産業にマイナスの影響を与えるとして、中国政府が補助金を出し、また中国国内で売れないためにあり余った生産物を海外に輸出して中国のデフレを海外に広めていると激しく批判している。

それならまず２０１０年前後の研究開発に関する主要国・地域の政府補助金に関して一覧表を作成してみよう。データは主として日本の環境省などを参考にした。

図表3-10をご覧になれば明らかなように、アメリカやEUのように２２００～６５００億円というオーダーから見ると、中国は２６０億円と、10分の１程度の補助しか提供していない。

特に中国政府が発表している「国家科技計画2006年年度報告」によれば、第10次5カ年計画の5年間で12項目の重大科技プロジェクトに投資した総額は184・82億元（約2700億円）。しかも「企業自身による出資が101・12億元（約1475億円）」、「銀行融資が4・71億元（約70億円）」なので、政府が5年間で12のプロジェクトに対して80億元（約1200億円）の補助金しか出していないことになる。このうちEVに対してどれくらい出しているかに関するデータはないが、仮に単純に12項目で割ると、一つのプロジェクト当たり（EVもその一つ）の投資額は5年間で6・7億元（約100億円）ほどでしかないとも言える。

それに比べてアメリカは2009年、オバマ政権時代にEVに対して141億ドル（1・3兆円）とか24億ドル（約2300億円）といったレベルの政府補助金を何度も出しているので中国とは比べものにならない。

では2009年以降、EVの販売に関して主要国がどれくらいの補助金を出しているかを「中国、アメリカ、ドイツ」を例に取って比較してみた（図表3-11）。EU主要国を書くと煩雑になるので、EVを含めた自動車輸出国として代表的なドイツ一国に代表させた。データは、「中国政府サイト、米エネルギー効率・再生可能エネルギー局、ドイツ連邦経済・輸出管理庁」などのデータに基づいた。

図表3-11に示したように2009年からアメリカが全土レベルで新エネルギー車に対する

補助金を提供しているのに対して、中国は13省に対して試験的に補助金制度を実施し始めている。本格的になっていくのは、２０１３年に習近平政権が「新エネルギー車産業発展計画」を発出してからだ。

ただし欧米と中国の大きな違いは、「中国は補助金を企業に出した」のに対して、「欧米は補助金を購入者に出している」ことだ。中国は企業に対して売り上げた分だけ補助金を出すので、「販売促進」なのか「購入促進」なのかの違いがあるだけで、結果的には「売り上げを伸ばす目的」という意味では似たようなものである。中国の企業は、補助金が出る分だけ「安い価格設定」をして購入者に販売するから購入者が殺到する状況だった。だから「中国が企業側に補助金を出した」ということが、それほど大きな差異を欧米との間にもたらしたとは考えにくい。

それでも欧米は「中国政府は企業に補助金を出した」として追加関税を実行し始めたわけだ。しかし中国は補助金を「２０２２年末で終了した」！　そのことに注目しなければならない。

中国では補助金終了の２０２２年年末が近づくと、「カウントダウン」が始まり、「さあ！あと○日でセールが終わるぞ――！」とあちこちで大宣伝合戦が展開され、大変な賑わいだった。ＥＶメーカー側は少しでも自社のものを買ってもらおうと、さらなる値下げ競争をしている。そうでなくとも自国内でサプライチェーンが完結しているため安価なのに、この「カウントダウン」で「値下げ競争」が始まったため、さらに安いＥＶが出回るようになった。

図表3-11 主要国におけるEVなど新エネルギー車販売に対する政府補助金

<table>
<tr><th>年</th><th>中国</th><th>アメリカ</th><th>ドイツ</th></tr>
<tr><td>2009</td><td rowspan="4">13都市で試験的に補助金政策。ガソリン節約率ベースで乗用車に対して最大6万人民元（約8700ドル）の補助金（メーカーへ直接給付、以下同じ）。</td><td rowspan="13">2009年から全国レベルで純電気自動車とハイブリッド車に対して、最低2500ドル、最大7500ドルの補助金。販売台数20万台以下のメーカーを対象。2020年、2021年テスラとゼネラルモーターズが20万台の制限に達したため、適応対象外へ。</td><td rowspan="7"></td></tr>
<tr><td>2010</td></tr>
<tr><td>2011</td></tr>
<tr><td>2012</td></tr>
<tr><td>2013</td><td rowspan="6">エネルギー節約と新エネルギー車産業展計画2012～2020を発表。2013年に航続距離80KM以上の純電気自動車に対して最大6万人民元（約9300ドル）、電池のみの航続距離50KM以上のハイブリッド車に対して最大3.5万人民元（約5400ドル）の補助金。</td></tr>
<tr><td>2014</td></tr>
<tr><td>2015</td></tr>
<tr><td>2016</td><td rowspan="4">2016年5月18日から、純電気自動車に対して4000ユーロ（約4600ドル）、ハイブリッド車に対して3000ユーロ（約3500ドル）の補助金。</td></tr>
<tr><td>2017</td></tr>
<tr><td>2018</td></tr>
<tr><td>2019</td><td>2019年から航続距離250KM以上の純電気自動車に対して最大2.5万人民元（約3600ドル）、ハイブリッド車に対して最大1万人民元（約1400ドル）補助金。</td></tr>
<tr><td>2020</td><td rowspan="3">補助金を2022年年末まで延期。2022年年末で補助金制度を撤廃。</td><td rowspan="2">2019年11月4日から、販売価格4万ユーロ以下の純電気自動車に対して6000ユーロ（約6800ドル）、ハイブリッド車に対して4500ユーロ（約5200ドル）の補助金。2020年6月4日から、販売価格制限を撤廃、補助金を最大9000ユーロ（約10000ドル）に増加。</td></tr>
<tr><td>2021</td></tr>
<tr><td>2022</td><td>北米で組み立てたEVを対象。年末に、20万台の制限を撤廃。</td><td>純電気自動車に対して6000ユーロ（約6300ドル）、電池のみの航続距離60KM以上のハイブリッド車に対して4500ユーロ（約4700ドル）の補助金。</td></tr>
<tr><td>2023</td><td></td><td>1月1日から、販売価格の上限と、バッテリー容量の下限を設け、中古EVに対しても補助金を出す。4月18日から、重要鉱物とバッテリー部品の原産地要件を追加。</td><td>純電気自動車に対して4500ユーロ（約4800ドル）、ハイブリッド車の補助金を撤廃。</td></tr>
<tr><td>2024</td><td></td><td>バッテリー部品に対する「懸念される外国の事業体（FEOC）」要件を追加。</td><td>純電気自動車に対して3000ユーロ（約3200ドル）の補助金。</td></tr>
</table>

中国政府サイト、米エネルギー効率・再生可能エネルギー局、ドイツ連邦経済・輸出管理庁などのデータを基に筆者作成（レートは当時のもの）

図表3-12　中国・アメリカ・ドイツEV購入補助金の推移

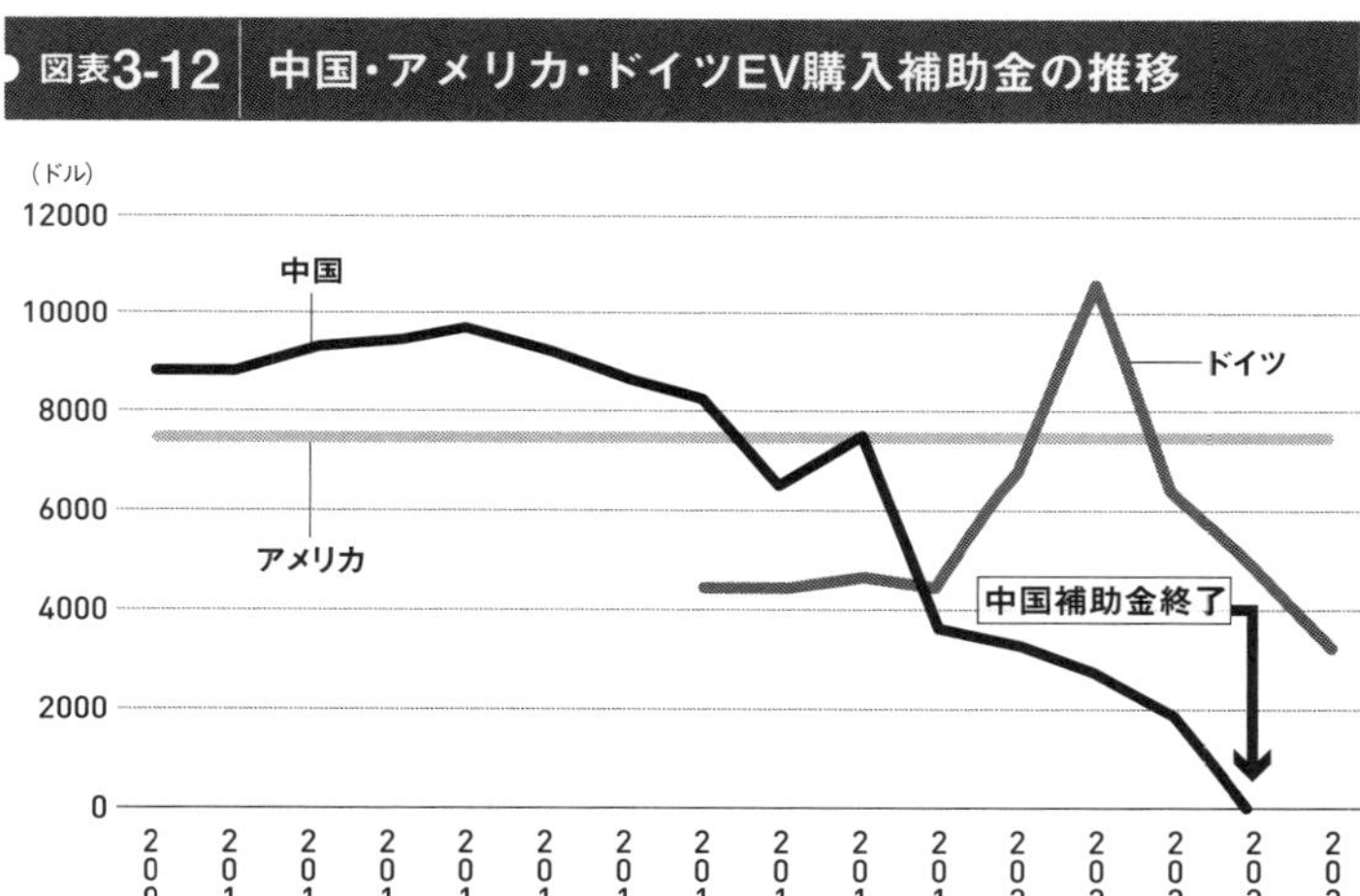

中国政府サイト、米エネルギー効率・再生可能エネルギー局、ドイツ連邦経済・輸出管理庁などのデータに基づき筆者作成

主要国補助金制度の補助金額の推移を図表3-12に示した。

念のため2019年から2020年の間の他のEU諸国に関する補助金の一例が、EVに関するウェブサイトの一つである「第一電動」にあったので、それを列挙すると以下のようになる。単位はユーロで、括弧内にドル換算した値を示した。

ルーマニア：10000（11400ドル）／クロアチア：9200（10500ドル）／ドイツ：9000（10000ドル）／ポーランド：8319（9500ドル）／スロバキア：8000（9100ドル）／スロベニア：7500（8560ドル）／ハンガリー：7350（8400

ドル）／フランス：７０００（８０００ドル）／イタリア：６０００（６８５０ドル）

次に欧米は「中国はＥＶ余剰生産物を輸出している」と批難していることに関して考察する。図表３-９からも見て取れるように中国国内でのＥＶ販売量は年々増加していて、「不景気なので売れない」という事実はない。中国は14億人もいるのでＥＶを購入する人に事欠かない。欧米ではさらに「中国は安価なＥＶを輸出することによってデフレを世界にばら撒いている」と非難しているが、２０２４年４月26日付けのロイターは「ＢＹＤのＥＶ輸出車が中国国内の２倍の価格で売れる理由」というタイトルの報道をしている。つまり中国製ＥＶは、中国国内における価格の平均２倍以上の価格でＥＶを輸出しているということになる。高い値段で輸出するのだから、「デフレをばら撒く」ことにはならない。中国がぼろ儲けをしているだけだ。

これに関して２０２３年７月８日の中国の「ＩＴＢＥＡＲ科技资讯（コンサルタント）」というウェブサイトは「世界セールス・チャンピオン！　ＢＹＤのＡＴＴＯ３はニュージーランドやシンガポール、タイで大成功を収めた！」という見出しで図表３-13にある「ＢＹＤのＥＶ（ＡＴＴＯ３）の中国国内における価格（２５９万円）と輸出先国における価格のリスト」を載せている。これはどういう意味かというと、たとえばＢＹＤのＥＶの一つである「ＡＴＴＯ３」の中国国内における販売価格は日本円で２５９万円なのだが、これを日本に輸出した場合は４４０万円で販売している。輸出価格が４４０万円ということだ。同様にフランスには６１８万円で輸出し、シンガポールに至っては、なんと１６４０万円で輸出している。すさまじい高値で売りつけているので、とても「デフレをばら撒いている」などという事態とは程遠い。そのことを表したのが図表3-13の意味だ。

加えて２０２４年2月27日、ベンチマーク・サービスを提供するアメリカのケアソフトグローバル社がＢＹＤの小型ＥＶ「海鷗（ＳＥＡＧＵＬＬ）」を分解調査した結果、走行性能が高いだけでなく製造技術も高価な米国製ＥＶに引けを取らないことがわかったという。装備は豊富でコストパフォーマンスがよく、アメリカでＢＹＤと同じ高い技術レベルのＥＶを製造しようと思ったら、コストが３倍はかかり、とても太刀打ちできないと結論づけている。何といってもＢＹＤは、すべての部品を自社内で調達できる縦型統合体制があることが絶対的な強みだろう。

それでも欧米は中国製ＥＶが政府の補助金によって不当に安くなり、中国で売れ残って行き場のない余剰ＥＶを海外に安く売り付けているとして追加関税を決定した。

しかしトランプ2・0がＥＵにも一律に関税を検討していると（執筆時点では）言っている。どうなるかはわからないが、ＥＵとしては一定程度中国に譲歩せざるを得ないところに追い込まれるかもしれない。特に２０２４年11月21日、ＥＵの希望の星であったＥＶ用電池製造会社ノースボルト社が破産保護申請をアメリカに申し出た。ノースボルトは中国からの「ＥＶの津

図表3-13 BYDのEV(ATTO3)の中国国内価格と輸出先国における価格のリスト

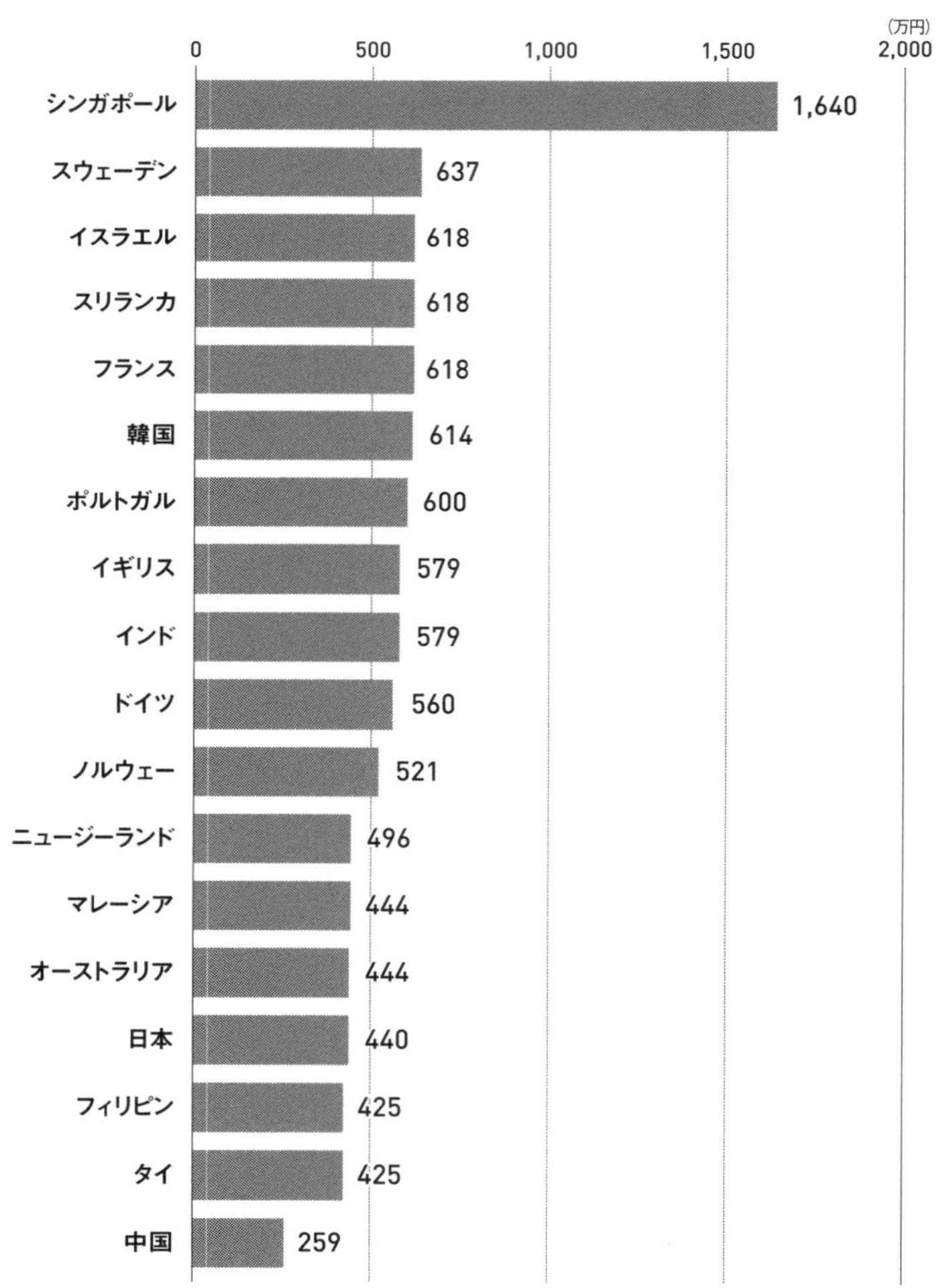

ITBEAR科技资讯にある図表を筆者が和訳し日本円に換算した

波」を回避するために、欧州でＥＶ用電池を製造する目的で２０１６年にスウェーデンに設立された企業だ。ＥＵやアメリカの支援協力も得たが、中国には勝てなかった。

この実力の差を思い知らされたＥＵとしては、強行に決めた対中高関税追加をこのまま続行させるのは得策でないと思っているかもしれない。決定後も交渉が続いており流動的なので詳細な記述はここでは避ける。それよりも中国としては今後、ＥＵに中国工場を増設していくとか、軸足を東南アジアへと移動させていく方針を取るだろう。ＥＵにおける中国工場建設に関しては、現時点では予定も含めて以下のようなことが進行している。

- ●ＢＹＤ：ハンガリー工場
- ●奇瑞汽車：スペイン工場
- ●吉利汽車：ポーランド工場
- ●中国の３社が競合中：イタリア工場
- ●零跑（リープ）汽車：オランダ工場（ステランティス社と合弁）
- ●上海汽車集団：欧州でＭＧを生産すると宣言
- ●広州汽車集団のＡＩＯＮ：２０２４年６月末に欧州６カ国を視察し選定中

もっともドイツなどは、「追加関税は中国へのキャッチアップ期間だ」と言っている。時代は逆転し始めた。事実、中国車輸出は２年連続で日本を追い抜き、世界トップを走っている。

2024年7月31日に日本自動車工業会が発表した2024年1~6月の日本の自動車輸出は、前年同期比微減の201万台だった。中国は31%増の279万台で日本を78万台上回り、日本の中国における自動車販売に限界が来たことを示唆している。中国ではEVの販売が急増しガソリンエンジン車は衰退の一途をたどっているのに、日本の自動車会社は主としてガソリン車しか製造販売していないからだ。

そこで在中国の日本の自動車会社に「鉄製品」を販売している日本製鉄(日鉄)は中国市場を諦めて2024年7月23日、日鉄と中国の宝山鋼鉄が2004年に中国に設立した合弁事業を解消することを表明した。その代わりに日鉄はアメリカの製鉄企業であるUSスチールを買収しようとしたのだが、退陣を目前に控えたバイデンが2025年1月3日に、「買収禁止令」を宣言した。トランプも買収に反対しているので、「買収を禁止したのはこの自分、ジョー・バイデンである」というレガシーを残したかったのだろうが、実は背景には大統領選を支援してくれた全米鉄鋼労働組合の存在がある。その会長は米鉄鋼大手クリーブランド・クリフス社で勤務経験があり、同社もUSスチールを買収しようとしている。このためバイデンは組合とクリフス社に便宜を図ったとして、日鉄は提訴している。

中国は粗鋼生産量が多い企業の世界トップ10のうち6社を占める中、日鉄だけはまだ第4位を保ち、クリフス社は第22位、USスチールは第24位だ。全世界の粗鋼の53・9%を中国が占

図表3-14　米中日印露＆旧ソ連の粗鋼生産量推移（1969～2023年）

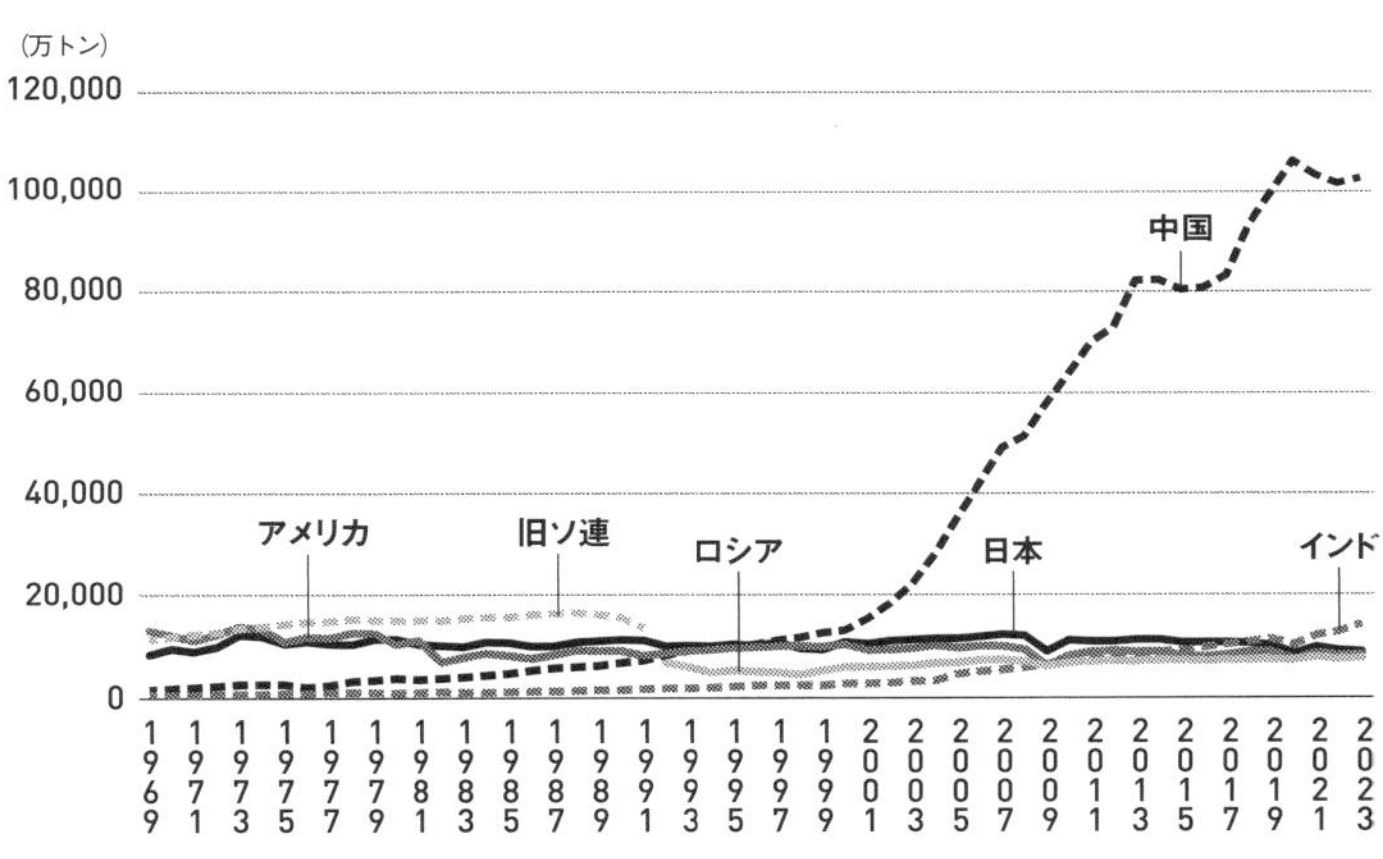

世界鉄鋼協会の暦年のデータから拾って筆者作成

めているが、日鉄が頑張ってくれれば何とか中国の世界トップをいくらかは抑えることができるかもしれない。しかしバイデンは「大統領選挙の恩義」のほうを選び、アメリカの鉄鋼業衰退と中国の世界トップ維持を許したことになる。

　このようにアメリカ製造業が衰退していく原因、あるいは新産業が育たない原因の一つには「大統領選挙における熾烈な闘争」がある。これが米中の生産力の分かれ目にもなっていることは何とも皮肉だ。民主主義政治の限界をも示唆して深刻である。

　念のため図表3-14に世界鉄鋼協会の暦年のデータをたどって拾い上げ、米中日印露＆旧ソ連の粗鋼生産量推移を描いてみた。鉄鋼は製造業の柱なので、新産業とは違うが鉄鋼の生産量に関しては把握しておいたほうがベターだと思われる。

アメリカがソ連を崩壊に導くまでは、実は粗鋼に関してもソ連の生産量のほうがアメリカの生産量よりも多かった。それもあり、軍事力や宇宙開発においてソ連がアメリカよりも勝っていたので、アメリカは何としてもソ連を崩壊に導く必要に迫られていたという側面もある。しかし序章の図表1で示したように、ソ連崩壊を境にアメリカはもっぱら金融業に特化していったので、製造業の基幹を成す「鉄鋼」生産量において見る影もないのである。なお、粗鋼から特殊鋼への加工の割合に関しては、中国はやや劣るものの、特殊鋼の素になる粗鋼生産量において他国をはるかに凌駕しているため、特殊鋼も中国が世界一を独走している。

日本にとってさらに怖いのは、中国EVの「対東南アジア戦略」だろう。

四、中国のEV戦略：主戦場は東南アジア

2024年8月4日、中国共産党機関紙「人民日報」は**「中国・ASEAN（東南アジア諸国連合）EV産業協力交流会」**が北京で開催されたことを大きく報じた。参加したのは「RCEP産業協力委員会、フィリピンEV協会理事長兼アジアEV協会連盟主席、ラオスEV協会、マレーシアEV協会、シンガポールEV協会、タイEV協会」などの代表者たちだ。

それ以外にも他の関連機関の責任者が会議に出席し、中国・ＡＳＥＡＮの協力事項について話し合った。ＲＣＥＰとは Regional Comprehensive Economic Partnership Agreementの頭文字をとったもので「アール・セップ」と略称され、日本語では「地域的な包括的経済連携協定」と訳されている。

会議はそのＲＣＥＰ産業協力委員会の劉欣（りゅうきん）事務局長が主宰した。彼女は「ＥＶ業界における中国とＡＳＥＡＮ諸国の協力は高度に補完的である。近年、ＥＶおよび関連機器の生産に従事する中国の大手企業が続々とＡＳＥＡＮ諸国に参入し、現地のＥＶ産業の発展を促進している」と述べた。以下、主要な出席者のメッセージを示すことによって中国とＡＳＥＡＮ諸国とのＥＶに関する関係をうかがい知ることができるので、いくつかをピックアップしてご紹介したい。

●フィリピンＥＶ協会理事長兼アジアＥＶ協会連盟主席のエドムンド・アラガ氏

中国産ＥＶは目下、全世界のＥＶ市場で非常に高いシェアを占めており、地域協力をさらに強化することは中国とＡＳＥＡＮ諸国にとって非常に積極的なプラスの重要性を持ち、ウィンウィン協力を達成するのに役立つ。すべての関係者がまずは情報共有を実現し、協力を促進することが肝心だ。ＲＣＥＰ産業協力委員会とアジアＥＶ協会連合会は年内に「中国・ＡＳＥＡＮのＥＶ産業ドッキング協力会議」を開催し、アジアＥＶ協会連合会は、いままさにフィリピン・マレーシア・シンガポール・タイ・ラオスおよびその他の国々のＥＶ協会の参加を組織し、中国とＡＳＥＡＮのＥＶ産業とその企業との間の互恵的な協力を促進しようとしているところだ。

●ラオスＥＶ協会の責任者であるスリヨ・ヴォンダラ氏

ラオスのＥＶ業界は開発の初期段階にあるが、ＥＶ市場の発展見通しは明るい。今年の最初の５カ月間でラオスは昨年の合計よりも多くのＥＶを輸入した。現段階では、ラオスはＥＶ業界向けのより完全なサポートネットワークを継続的に構築し、ラオス市場のニーズを満たすために、より多くの国の投資家がラオスのＥＶ市場に参入することを奨励する。

●マレーシアＥＶ協会の責任者デニス・チュア氏

アジアＥＶ協会連合会は現在、ＡＳＥＡＮ諸国のＥＶ産業発展を促進するために取り組んでいるところだ。ＡＳＥＡＮ・ＥＶ協会と当地（マレーシア）の政府は共同でＥＶ業界、特に充電インフラの増設と消費税減税の奨励に関連する政策と基準を策定し、積極的な取り組みを行い、成果を上げている。アジアＥＶ協会連合会は、毎年ＥＶ業界に関連する会議や展示会を開催しており、ＲＣＥＰ産業協力委員会の支援により、アジアＥＶ協会連合会が主催する活動は将来的にもより大きな成功を収めるだろう。

●シンガポールＥＶ協会のテレンス・シュー会長

シンガポールにおけるＥＶ市場浸透率は増加しており、充電インフラも改善している。現在、電池のリサイクルとメンテナンス、サポートサービスなどの問題が浮上し始めており、これもシンガポールのＥＶ市場にとって新たな課題である。ＲＣＥＰ産業協力委員会との協力を通じて、中国のＥＶ産業の発展プロセスから関連する経験を得ることができると信じている。充電ステーション、電池、その他の産業におけるシンガポールと中国のメーカー間の協力を強化できることが期待されている。

●タイＥＶ協会のウタモテ・クリサダ会長

タイは現在、ＥＶ生産の現地化を強化しようと、さらなる力を注いでおり、生産コストの抑制がもっとも重要な課題となっている。ＲＣＥＰ産業協力委員会を通して、中国との協力をさらに強化し、生産コストを削減する効果的な方法を模索することが期待されている。このたびの協力交流会議はリソースをさらに統合し、中国・ＡＳＥＡＮ諸国共通の発展を達成するのに非常に役立つ。

参加国の代表は協力を強化することに関して幅広いコンセンサスに達し、中国とＡＳＥＡＮ・ＥＶ関連企業との間の貿易・投資協力を促進する新たな機会をもたらすことに満場の賛同で一致した。（以上、「人民日報」より）

このように中国とＡＳＥＡＮはすでにＥＶに関して補完的な協力関係を構築している。ＡＳＥＡＮ諸国に中国製ＥＶを輸出するだけでなく、当該国に中国メーカーが工場を建設し、現地でＥＶ生産をする体制を組んでいる。

たとえば「ＡＳＥＡＮのデトロイト」と呼ばれるタイでは、ＢＹＤが２０２３年３月から現地工場建設に着工し、２０２４年７月にはＥＶ生産ができる形の工場が完成した。２０２４年７月９日に「中国汽車（自動車）趨勢網」が発表したデータによると、２０２４年１月から５月までの期間で、純粋なＥＶの売上台数のタイ市場における上位10社のうち７社が中国メーカーだったとのこと。それを図表３-15に示す。圧倒的にＢＹＤの独走状態だ。

また７月５日に取材を受けた長城汽車（自動車）ＡＳＥＡＮ地区担当の程金奎総裁は、「長城汽車は今年および来年までの間には、マレーシアやインドネシアおよびベトナムに工場を建設するつもりだ」と答えている。

中国の民間には「インドネシアを手にした者が東南アジアを制する」という言葉があるが、「新商業Ｔｅｃｈ」は２０２４年４月10日、「中国のＥＶの新戦場」と題してインドネシア市場参入を宣言したＥＶメーカーの名を挙げている。そこには「上汽通用五菱汽車（上海汽車・ゼネラルモーターズ・五菱汽車の合弁会社、ＳＧＭＷ）、奇瑞汽車（ＣＨＥＲＹ）、哪吒汽車（Ｎｅｔａ）、

図表3-15　「ASEANのデトロイト」タイにおけるEV売上台数上位10社

ランキング	メーカー名	国	販売台数（万台）
1	BYD	中国	1.28
2	哪吒汽車	中国	0.36
3	MG	中国	0.32
4	深藍汽車DEEPAL	中国	0.24
5	広州汽車AION	中国	0.21
6	テスラ	アメリカ	0.19
7	BMW	ドイツ	0.19
8	ベンツ	ドイツ	0.13
9	欧拉汽車Ora	中国	0.13
10	栄威Roewe	中国	0.09

中国汽車趨勢網のデータに基づき筆者作成

ＢＹＤ、広州汽車ＡＩＯＮ、北京汽車」などのメーカー名がある。

フィリピンに関しては、実は２０２３年３月から８月にかけてＢＹＤが現地工場を建設するかもしれないという情報が流れていたことがあったが、それは立ち消えになってＢＹＤはカンボジアを選んだらしい。

フィリピンとは南シナ海問題でしばしば中国との間で小競り合いが生じていたからなのかもしれないが、結局のところ、このセクション四の冒頭に書いたように中国はフィリピンの顔を立てて「中国・ＡＳＥＡＮ ＥＶ産業協力交流会」で各国代表としてはフィリピンに最初にスピーチをしてもらい、ＥＶを通して友好的になる方向に持って行っている。

フィリピンは２０３０年までにＥＶの割合

を30％にまで持っていくという国家目標を立てており、それを実現させるには中国の協力がないと困難だと判断したようだ。南シナ海問題に関してもフィリピン政府は２０２４年7月21日に中国との間で合意に達したと発表している。7月26日にはラオスで開催されたＡＳＥＡＮ外相会談で王毅外交部長（兼中共中央政治局委員）はフィリピンのマナロ外相と会談し、二国間協定に基づき対話と友好を重んじることで一致した。中国の神経を逆なでしているのはフィリピンがアメリカの中距離ミサイル・システムを導入したことだ。フィリピン側は２０２５年が中国との外交樹立50周年記念にも当たるので、二国間関係を改善する用意があると述べている。ただし南シナ海における紛争は絶えてはいない。

図表3-16に、中国の主要なＥＶメーカーのＡＳＥＡＮ諸国における工場建設の現状をまとめてみた。日本にとって象徴的なのはタイだろう。タイにはトヨタ、ホンダ、いすゞなど日本の自動車大手メーカーが進出して活躍していたが、今や新産業ＥＶの時代。ガソリン車は環境汚染とともに、限られた化石燃料をエネルギー源とすることに限界がきている。

特にウクライナ戦争後、アメリカをはじめとした西側諸国が激しい対露制裁に出て石油や天然ガスをロシアから輸入してはならないと要求したために石油などの燃料が高騰し、人々の生活を圧迫している。ＡＳＥＡＮ諸国には石炭埋蔵量はあるものの、石油などの埋蔵量が多いわけではなく、いつまたアメリカがどの国を制裁してエネルギー資源を遮断するかしれない。

図表3-16 ASEAN地域における中国EVメーカーの現地工場建設状況

メーカー名	動き
長城汽車	2020年11月、GMのタイ工場を買収
	2024年1月、マレーシアのEPMB社と組立生産を契約
	2024年6月、インドネシア、ベトナムにも今後現地組み立て生産
上海汽車	2023年1月、タイでのEV用バッテリー工場が生産開始
	2023年11月、タイ工場が初のEVを製造
BYD	2023年3月、タイ工場を建設開始
	2023年3月、フィリピンの貿易産業副大臣がBYDの工場誘致をしていると発言
	2023年8月、フィリピンメディアがBYDが工場建設用地を選定していると報道
	2024年7月、タイ工場竣工、カンボジア工場の建設を発表
広州汽車AION	2024年1月、タイ工場を建設開始、7月竣工
	2024年7月、インドネシア工場が年内稼働予定と発表
長安汽車	2023年10月、タイとEV工場の建設用土地購入契約を締結、2025年稼働予定
哪吒汽車	2023年3月、タイ工場を建設開始
	2024年1月、マレーシア工場建設開始、2025年稼働予定
	2024年3月、タイ工場が大規模稼働開始
	2024年6月、インドネシア工場稼働開始
奇瑞汽車	2024年3月、タイ工場建設予定と発表、2025年稼働予定

各種報道を基に筆者作成

それくらいなら、アメリカから強い制裁を受けていてもひるまない中国、いや制裁を受ければ受けるほど強くなる中国と提携し、太陽光などのエネルギーや世界トップの電池技術などを自国で供給している中国のEVとつながりながら発展していくほうがいいという判断をASEAN諸国がしたようだ。

中国としてはEVを通して中国・ASEAN経済圏を一体化させようという狙いがある。**中国にとって主戦場は東南アジアだ**。第一列島線を押えれば台湾問題解決にも有利になる。

何にでも理由をつけては対中制裁をするアメリカだが、ことEVに関しては、制裁はできない。**なぜならEV製造のためのサプライチェーンは中国国内で完結しているからだ。これが習近平の新産業戦略だ**。2024年7月に開催された三中全会の中身は空っぽだと高をくくっている日本だが、中国の国家戦略の神髄を見る眼を持たない日本には手痛い将来が待っている。

トヨタはタイで中国のEVに圧(お)されてシェアを落とし、スズキとスバルはタイ工場の閉鎖を発表している。日本車が中国車に追い出されるのは時間の問題かもしれない。

1980年代後半、中国はWTO(世界貿易機関)に加盟するために、何としても自家用車を自国生産できる体制作りに迫られていた。そこで世界の自動車製造先進国に協力を求めたのだが、日本は東南アジアを向いていて中国の申し出を拒否した過去がある。手を差し伸べてくれたのはドイツのフォルクスワーゲンだった。それ以降、中国人の日本に対する印象は悪くなり、戦後処理に関して日独を比べるようになった。それが１９９４年の江沢民による「反日教育」を許す土壌を形成した側面がある。このあたりの事情は、前半は拙著『中国の自動車産業がニッポンを追い抜く日』（２００４年）に書き、後半の「反日教育」に関しては拙著『中国「反日の闇」浮かび上がる日本の闇』（２０２４年）に書いた。前者に関しては「日本の自動車産業が中国に追い抜かれるなんて、あるはずがないでしょ？　遠藤はあまりに日本の自動車界のことを知らなすぎる」と「専門家」から厳しい叱責を受けた。しかし本書の図表3-2にあるように、ほどなく日本は中国に追い抜かれ、今は見る影もない。中国が協力を求めたときに中国の願いを拒否してでも死守した東南アジアは、日本の自動車の牙城であったはずだ。その牙城まで今では中国に譲ろうとしている。

本書の第一章で扱った宇宙開発に関して中国は序章でも触れたように「地球は西側先進諸国に先に制覇されたが、宇宙はまだ未踏の地が多く、中国が先に挑戦して制覇していくのだ」と決意して「中国製造２０２５」の実行に突入した。ＥＶに関しても「ガソリン車は西側諸国が長いこと先を行っているので、ガソリンではない新エネルギーで動く車を開発すべきだ」と最初に言ったのは中国宇宙開発の父・銭学森（１９１１年〜２００９年）で、１９９２年のことだった。

その時点からの夢を習近平は「中国製造２０２５」に込めたのだが、発想のスケールというのが、いかにも中国的で興味深い。その発想に基づいて実際に実現してしまったのは、むしろアメリカによる「中国排除の思想」で、近い時間帯で考えてもアメリカによる対中制裁がなければ、中国はここまで成長しなかったかもしれない。

事実2024年7月19日、EVやスマホなどの製造で最近頭角を現してきた中国のメーカー小米（シャオミー）のCEOが**「車作りのきっかけはアメリカによる制裁だ」**と発言したとロイターが伝えている。

同様のことは宇宙開発やEVだけでなく、実はアメリカによる制裁で大きな痛手を受けている半導体分野でも言える。それに関しては第七章で詳述する。

第四章

世界シェアの90%をいく中国のドローン

一、民生用ドローンの主要国市場シェア

中国は２０１５年にすでに、民生用（非軍事用）ドローンの市場規模が世界の70％に達していた。このため同年に発布された中国のハイテク国家戦略「中国製造２０２５」には、ドローンに関する項目はあっても「達成数値目標」は書いていない。

それなら現在、世界主要国の民生用ドローンの市場シェアはどうなっているのかを調べてみて驚いた。ドイツのドローン・インダストリー・インサイトの２０２１年レポートから引用したＡＲＣグループが発表したデータを引用する。これによれば、世界の80・２％を中国が占めており、アメリカは６・７％しか占めていない。それを図表４-１に示した。２０２１年データでは古いではないかと思われるだろうが、実はこの歴年のデータは約５０００ユーロ（約80万円）ほどで販売されているため、一枚の図表にそのような大金を支払うのも如何なものかと判断し、無料で公開しているＡＲＣグループのデータを使わせていただくことにした次第だ。そこには２０２１年までのデータしかない。

図表４-１によれば、中国の中でも、日本では「ディー・ジェイ・アイ」と呼ばれるＤＪＩ社（大疆創新科技）の世界シェアが76％で、文句なしの世界一のドローンメーカーであること

図表4-1　2021年における民生用ドローンの主要国別シェア

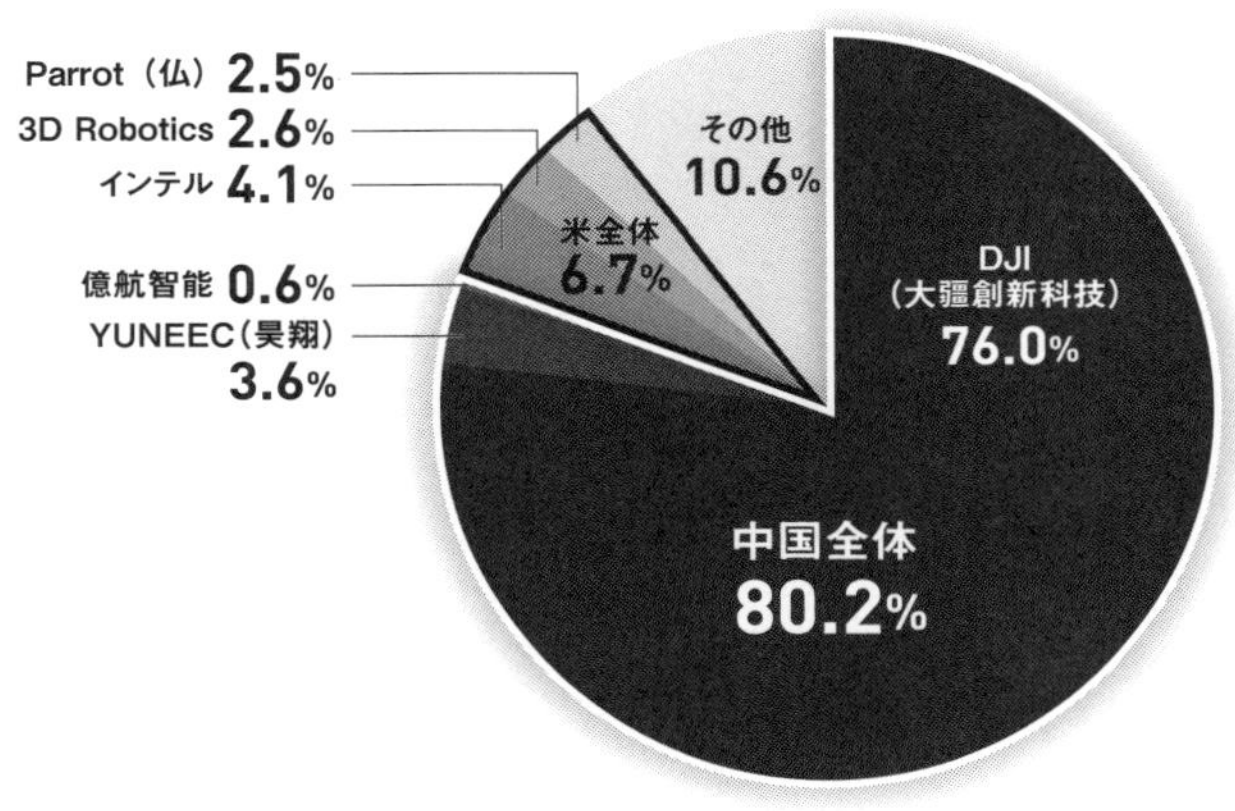

arc groupのデータを基に筆者作成

がわかる。

2022年に関しては、ドイツのStatistaマーケットインサイトが出しているデータに基づき、図表4-2に示した。2023年データが欲しいところだが、ここでもやはり高額の使用料を支払わないとデータを入手することができない。おそらく中国一国だけが群を抜いているため、世界全体に対するデータのニーズが大きくないので100万円近い使用料を要求してくるのだろう。2023年データに関しては諦め、2022年データをお示しすることにしたことをご理解いただきたい。

図表4-2によれば、中国は世界全体の89%、約90%を占めていることがわかる。DJIの世界シェアはいずれにおいても76%と不変なので、同社が世界トップのドローンメーカーであるこ

図表4-2　2022年民生用ドローンの主要国別シェア

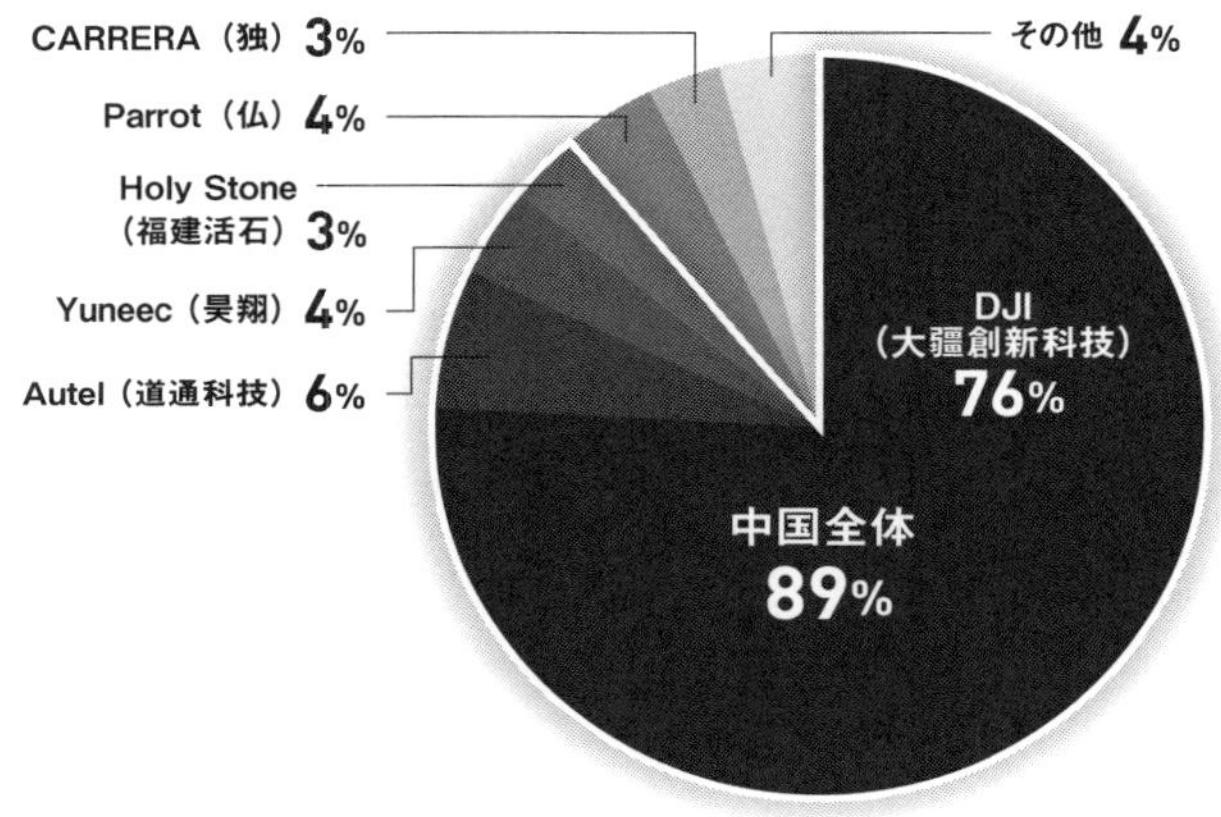

Statista Market Insightsのデータを基に筆者作成

図表4-3　中国民生用ドローン市場規模の推移

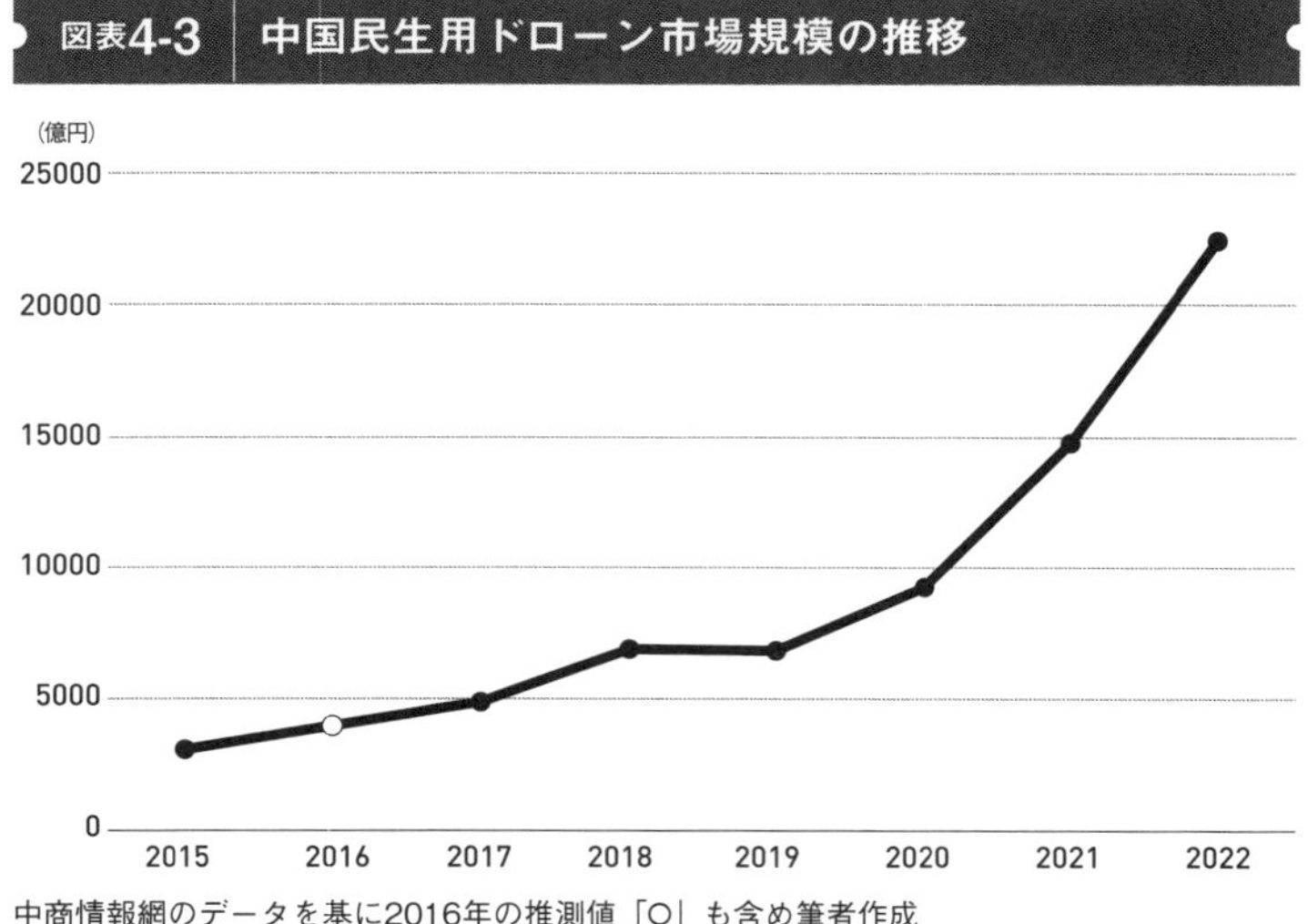

中商情報網のデータを基に2016年の推測値「○」も含め筆者作成

とは断言していいだろう。

中国全体の市場規模の推移はどうなっているのかを図表4-3に示した。中国以外の国の市場規模も同じ図の中に入れて比較したいと思ったが、その値はほぼ「ゼロ」に近く、横軸を這うような形になるので、図表から外した。なお2016年に関しては、どうしてもデータが見つからないので、2016年だけは「○」印で示し、2015年データと2017年データをつなげたことを付け加えたい。

この中国の市場規模推移は、ほぼDJIの市場規模推移だと言っても過言ではないだろう。それにしても、なぜこのような状態が生まれたのだろうか？

二、なぜ中国にドローンの王者DJIが生まれたのか？

なぜ中国のドローンがここまでの成長を遂げたのかを知るには、結局のところ、いかにしてDJI社が誕生し、いかにして成長したのかを解明する以外にない。

そこで、ここではDJI誕生と成長の物語を紐解く(ひもとく)こととする。それは同社の創設者・汪滔(おうとう)（ワン・タオ）の物語を解き明かすことに尽きる。たった一人の少年の夢が中国のドローンを、もっと言えば世界のドローンをここまで発展させたのだ。だから彼個人の物語をじっくり追っ

図表4-4　ドローン製造に成功した汪滔氏

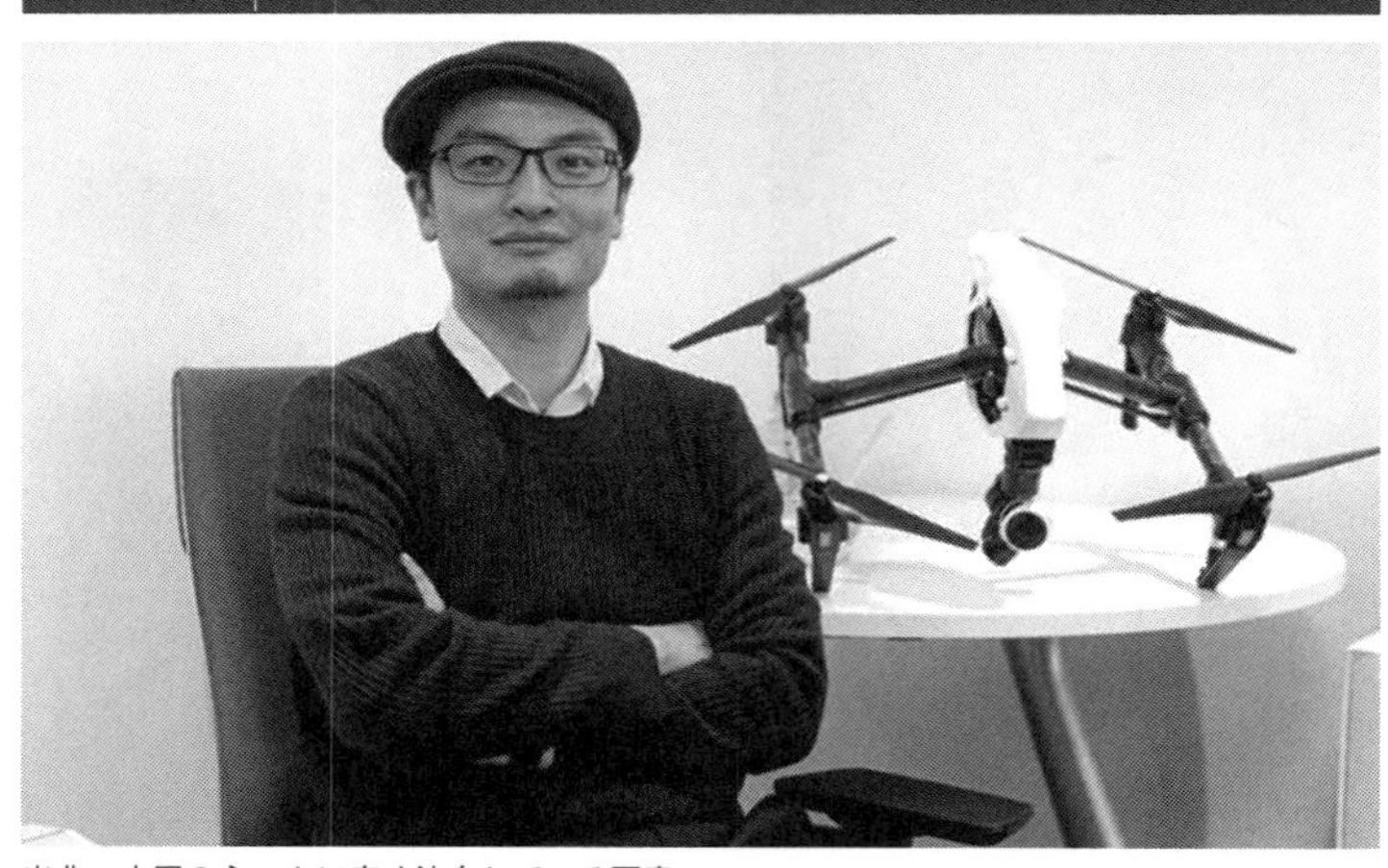

出典：中国のネットに広く流布している写真

ていく価値はあるだろう。

汪滔は１９８０年に浙江省杭州で生まれた。彼は子供のころから模型飛行機が好きだった。ある日、「赤いヘリコプターの冒険物語を描いた漫画」を読んで以来、空について果てしない夢を持つようになり、毎日のように模型飛行機に関する本ばかり読み漁った。学校の成績はまあまあで中程度だったのだが、模型飛行機に対する関心はますます強くなるばかりで、この上ない喜びと夢を膨らませていった。

そんな彼の姿を見て、両親は息子が16歳になったときに夢のリモコン・ヘリコプターをプレゼントした。とび上がって喜んだ汪滔だったが、リモコン・ヘリコプターはすぐに壊れてしまい、それを修繕するために香港から部品を取り寄せた。だが、部品が手元に届くのに数カ月もかかる始末だったという。

1999年に高校を卒業すると、彼は上海市にある華東師範大学に入学し、電子工学を学んだ。しかし大学の授業に飽き足らず、学部3年生で中退して、2003年に香港科技大学に編入して電子&計算機工学を学んだ。

2005年、汪滔は香港科技大学で卒業論文の準備にとりかかり、リモコン・ヘリコプターの飛行制御システムを研究することに決めた。この研究を成し遂げるにはかなりの経費がかかる。そこで研究の方向性に関して指導教官を説得するため、二人のクラスメイトを見つけてグループを組んだ。

彼が解決したいと考えていた主要テーマは「自動ホバリング」だった。

さあ、ここからが、ドローンの扱いを知っている者でないと何のことだかわからなくなるので「知ったかぶり」をせずに、丁寧に理解していきたい。プロの方にはうるさく感ぜられるだろうから、プロの方はこの説明は飛ばしてお読みいただきたい。

ホバリングとは、簡単に言えば「上空で一定の高さと位置で静止する飛行テクニックのこと」を指す。昔からお馴染みの「ヘリコプター」は回転翼が一枚で、回転翼が複数枚あるものを「マルチコプター」と言う。4枚の回転翼のものを「クアッドコプター」、6枚の回転翼のものを「ヘキサコプター」、8枚の回転翼のものを「オクトコプター」と称する。

ヘリコプターとマルチコプターの大きな違いは回転翼の枚数だけでなく、揚力（機体を揚げる力）を生じさせる方法が異なることだ。ヘリコプターの場合は回転翼の角度を変えて揚力を変化させるが、マルチコプターの場合は回転翼の角度は一定で、回転翼の回転速度の変化で揚力を得る。

ドローンやヘリコプターのようなマルチコプターでは、「スロットル」、「エレベーター」「エルロン」「ラダー」などの基本操作を精緻に調整し、空中の一点で静止した状態を保つ動作のことを「ホバリング」という。

汪滔が2005年に卒業論文のテーマとして選んだ「自動ホバリング」の四つの基本操作の説明を、筆者のようなドローン素人でもわかるように説明すると、おおむね図表4-5のようになる。これら四つの操作を可能にして何とか「自動ホバリング」を可能にさせようとしたのが、汪滔の「卒業論文」だったのである。ホバリングを行なう際には、機体が地面と水平な姿勢を保ちつつ、事前に定めた位置から機体が動かないよう、姿勢と位置それぞれを制御することが求められる。

この四つの基本操作を図解すると、図表4-6のようになる。

くり返しになるが、これを完成させるにはかなりの経費を要する。そこでクラスメイト二人を誘って指導教官を説得し、研究費から出してもらえないかを相談したわけだ。許可が下りて

図表4-5 ドローン「ホバリング機能」の四つの基本操作

	基本操作	説明
A	スロットル	すべてのモーター回転数を調整して「高度を調整する役割」を担う。 スロットルを増やすと回転数が上がり上昇し、スロットルを減らすと下降する。
B	エレベーター	機体の傾きの上げ下げをする。エレベーターの動作により発生する傾きのことを「ピッチ」と呼ぶ。飛行中の前後にあるモーターの回転数を調整することで機体が前後に移動する。
C	エルロン	左右のモーター回転数を調整することで機体を左右に傾ける動きを担う。 エレベーターが前後移動であるのに対し、エルロンは左右の動きを調整する役割を担う。 左側に移動する際は右側のモーター回転数を増加させて左に傾け、右側に移動する際は左側のモーター回転数を増加させて右に傾ける。エルロンにより発生する左右の傾きのことを「ロール」と呼ぶ。
D	ラダー	飛行機にたとえるなら、尾翼に付けられた方向舵であり、可動式の翼に相当する。 ドローンもラダーを操作することで機首の方向を変えて旋回する。ドローンにおいては対角線上のモーター回転数を調整することで左右への旋回が可能となる。 この旋回の動きのことを「ヨー」と称する。たとえば、左旋回時は左後方と右前方の回転数を増加させ、左前方と右後方の回転数を減少させて旋回する。

筆者作成

図表4-6　ホバリングの四つの基本操作の図解

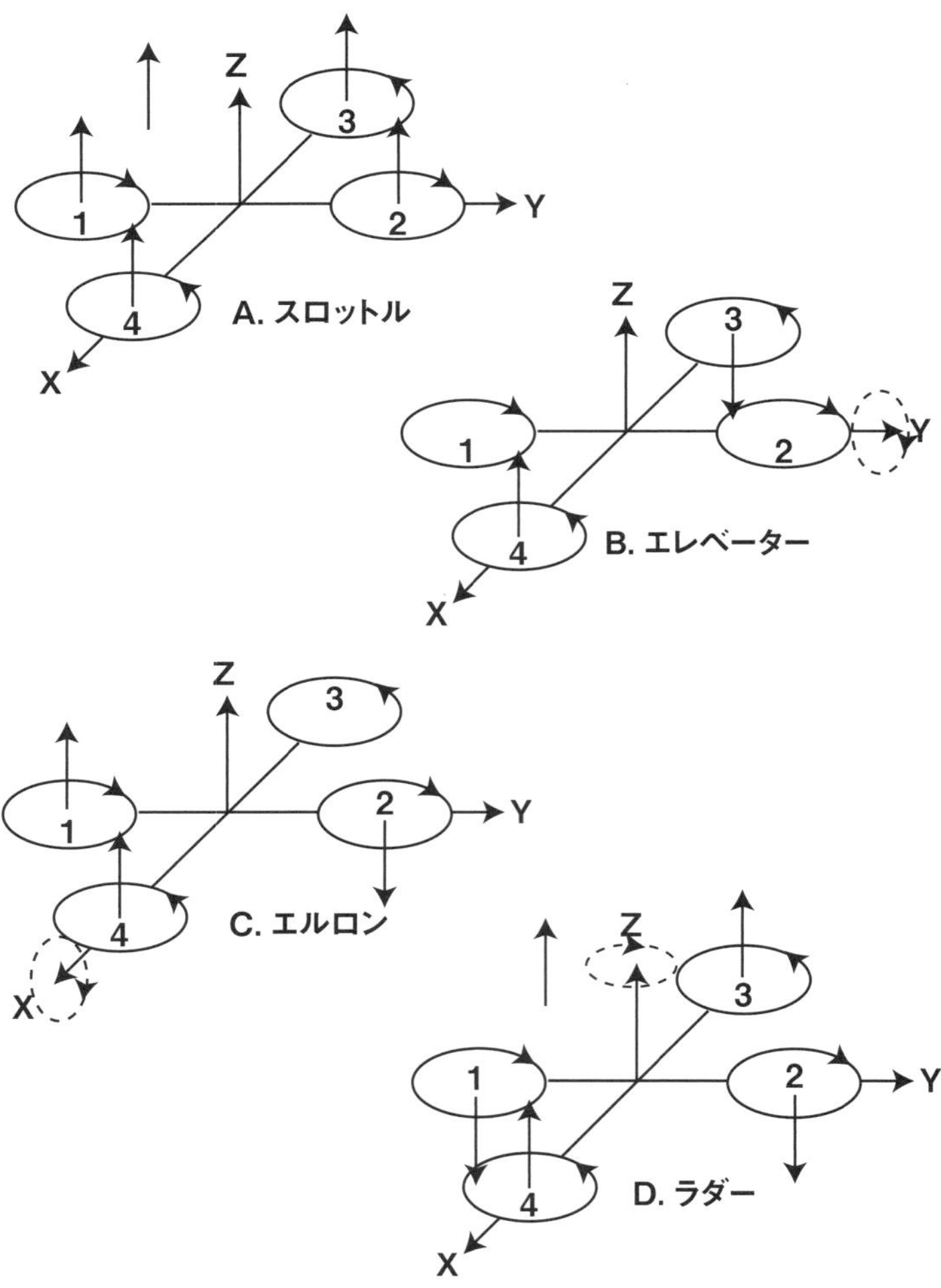

筆者作成

模擬実験をくり返したのだが、実験は失敗した。すると指導教官である香港科技大学ロボット工学の李澤湘(りたくしょう)教授は、汪滔のリーダーシップとテクノロジーへの際立った才能に気付き、大学院に進学するよう勧めた。

このときの李澤湘教授との出会いが汪滔の運命を決めた。その後のDJIの躍進をもたらし、中国のドローン業界における独走を可能ならしめたのだから、汪滔の才能もさることながら李教授の足跡も見ておいたほうがいいだろう。

李澤湘は1961年、中国の湖南省で生まれた。文化大革命終焉後の1978年に中南鉱冶学院（現在の中南大学）に進学。1979年になると、学部留学生として渡米しカーネギーメロン大学とカリフォルニア大学ブルックリン校舎で学部、修士課程、博士課程のすべてを学んだ。「1979年にアメリカ留学」と中国のネットには記載があるが、この時期に出国できたのは国費留学生のみである。しかも留学前に国が指定した特定の大学に設置してあるアメリカ留学予備コースで語学の勉学をしなければならないから、実際に出国したのは1980年からだろうと推測される。ちなみに日本留学の国費留学生は東北師範大学で日本語を学び、ドイツ留学の国費留学生は同済大学でドイツ語を学ぶことと決まっていた。アメリカ留学の場合は北京語言学院など複数あった。

文革時代にはすべての高等教育機関が閉校になっていたので、その間に英語を学ぶことは一

図表4-7　香港科技大学で汪滔が出会った李澤湘教授

出典：百度

般に困難だ。いずれにせよ1980年に出国できたのは国費留学生なので、優秀だったのだろうと推測される。

こうして李澤湘は1992年に香港科技大学電子&計算機工学で教育を始めることとなった。汪滔が香港科技大学に編入学したのは2003年だから、そこで巡り逢うことになったわけだ。

李澤湘教授の勧めで大学院に進学した汪滔は、2006年1月にドローンのサンプルを創ることに成功した。同年、指導教官のサポートを受け、卒業プロジェクトに一緒に取り組んでくれた二人を誘って200万香港ドル（約3000万円）を集めて深圳にDJIイノベーションズを設立したのである。

親会社は香港に置き、設立当初の事務所は

深圳の蓮花村の民家に置いた。チームメンバーの中でドローン技術に長けているのは汪滔だけだったが、やがて李澤湘自身がＤＪＩに加わり、技術開発や資金提供などの応援をしてくれるようになった。社員としても多くの教え子を引き込んでくれた。

２００９年になると最初のＸＰ３・１フライト・コントローラー・システムをリリースするに至り、ＤＪＩの夜明けが始まったのである。

２０１０年にはエースワンなどのＤＪＩ製品のラインナップ拡大が始まる。

２０１１年、ドローン関連商品をリリース。

２０１２年、ファントムを発売。

２０１３年、ゼンミューズ・ブラシレス・ジンバル・シリーズ、ファントム２ビジョンをリリース。そのシンプルさと使いやすさにより、一般向けドローン市場を席捲。

２０１４年、ファントム２を発売。

こうして本章冒頭に書いたように２０１５年には全世界の70％の民生用ドローンを、ほぼＤＪＩ一社が占めるに至ったわけだ。

２０１１年から２０１５年にかけて、ＤＪＩの売上は１００倍近くに増加した。新産業ドローン分野のチャレンジャーとして活躍してわずか10年。２０１５年8月、『フォーブス』誌が発表した世界のテクノロジー業界の富豪トップ１００のリストで、汪滔は純資産36億ドル（4

300億円）で54位にランクインし、ドローン業界初の億万長者となった。

なぜ、このような個人の物語を詳細に追いかけたかというと、中国の新産業の劇的な発展は、必ずしも政府の指示で動いているだけではなく個人の夢、恩師との巡り逢いなど、イノベーションへのチャレンジ精神が流れている側面もあることを示したかったからである。

三、追いつけないアメリカはＤＪＩを制裁することしかできない

アメリカは飛行技術、特に兵器としての軍用機技術には優れているのに、なぜＤＪＩ社のような民生用ドローンを製造することはできなかったのか？

まずＤＪＩのドローンの多くは同社だけしか持っていないコアテクノロジーを備えている。一部の外国のドローンメーカーでさえ、それを使用するにはＤＪＩの許可が必要だ。

ＤＪＩドローンはアメリカをも席巻したが、実はアメリカがＤＪＩのようなドローンを作れないというわけではない。ＤＪＩのような安価な製品を作れないだけのことだ。実際、アメリカのドローン技術は非常に進んでおり、特に軍事用ドローンではアメリカは世界をリードしている。たとえば世界トップ10の軍事用ドローンの中で、アメリカはそのうちの五つ（ＭＱ-９リーパー、アベンジャー、Ｘ-45、グローバルホーク、グレイイーグル）を占めている。

しかしＤＪＩは中国の深圳にあるため、米企業が再現できない多くの利点がある。その要は、製造コストが非常に安価であることだ。

ＤＪＩを製造するのに必要な電子部品のすべては、深圳がある珠江デルタ地域に揃っている。工場の周辺でサプライチェーンが完結していると言っていい。当然、コストは非常に廉価となる。このサプライチェーンの利点は、生産コストと調達コストを削減するだけでなく、生産効率と研究開発効率をも向上させることができる。結果、ますます性能が向上したドローンを非常に安価に販売できるようになる。

アメリカでも以前、民生用ドローンを作ろうとした企業がいくつかあった。しかしサプライチェーンが周辺にはないため研究開発の進捗度が遅く、特にプロトタイプを作るには産業チェーンの影響を受けるため時間がかかる。製造にも時間がかかり、かつ非常に高価なものしか販売できない。このため到底、中国には太刀打ちできないという結果を招いている。

だからアメリカで使用されている商用ドローンの90％はＤＪＩ製で、趣味で飛ばすドローンの77％が中国製であるという。中国共産党に関する米下院特別委員会が指摘したデータだ。

中国製ドローンが席巻するなどとはアメリカにとって屈辱的であるだけでなく、このままいくと全世界の民生用ドローンを中国が占めることになる。それは中国経済の発展にもつながることになろう。アメリカとしては面白いはずがない。何としても潰さなければならないとばか

図表4-8　中国製ドローンに対するアメリカの制裁

時間	出来事
2017年8月	アメリカ陸軍がサイバーセキュリティの懸念からDJIのドローン使用を中止。ただし、アメリカ海軍、海兵隊、空軍では使用例が続く。
	アメリカのドローン大手3DロボティクスがDJIのドローンにソフトウェアを提供するパートナーシップを発表。
2018年6月	テーザー銃と警察用Body worn videoのメーカー、アクソンが法執行機関向けにDJIのドローン販売で独占的なパートナーシップを結ぶ。
2018年11月	カリフォルニア州のキャンプ・ファイアの発生で州災害対策本部が米国史上最大のドローンの緊急出動を行い、DJIのドローンが使用される。
2019年5月	アメリカ国土安全保障省が北米市場で8割のシェアを持つDJIを念頭に中国製ドローンの購入に安全保障上の懸念から注意喚起。
	日本政府の保有するドローンの約78%が中国製であることが報じられる。
2019年7月	アメリカ内務省がセキュリティ審査に合格したDJIのドローンを採用。
2019年11月	アメリカ内務長官が安全保障上の懸念から800機を超えるドローン部隊を地上待機させるよう指示。
2019年12月	日本の海上保安庁が2020年度からDJIを含む中国製ドローンを買い替える方針を決定。
2020年3月	公安機関のドローンの90%がDJI製品とバード大学が発表。
2020年12月	アメリカ商務省産業安全保障局がDJIを「ハイテクによる監視で大規模な人権侵害に加担している企業」としてエンティティ・リストに追加。
2021年12月	アメリカ財務省がOJIを新疆ウイグル自治区の人権侵害を理由に証券投資禁止対象に追加。商務省も同日、輸出管理規則のエンティティ・リストに追記。
2022年10月	アメリカ国防総省がDJIをアメリカ人の投資禁止対象となるブラックリストに追加。
2024年6月	アメリカ下院がDJI禁止の条目を含む国防権限法2025を可決。上院で可決される場合、DJIのドローンがアメリカで全面販売禁止されることになる。これに対してアメリカのドローン利用団体が上院に抗議の手紙を送信。
2024年7月	アメリカ上院で可決される国防権限法2025では、DJI禁止の条目が削除された。

筆者作成

りに、「安全保障上の問題がある」、あるいは「新疆ウイグル自治区への人権侵害問題がある」といった常套手段でアメリカは中国製ドローンに制裁を加えることになった。日本も一部それに追随している。それらを見やすいように図表4‐8に一覧表としてまとめてみた。

中国のネットでは**「アメリカは勝てなくなると相手を制裁してくるが、制裁したからと言ってアメリカの製造業が強くなるわけではない。その暇があったら自国の製造業を復活させたらどうなんだ？」**という類（たぐい）の意見が数多くみられる。

四、ウクライナ戦争で使われているのも中国製民生用ドローン

２０２２年2月24日にロシアがウクライナ侵攻を始めると、ＤＪＩの民生用ドローンが多数投入されるようになった。中国が関与してウクライナ軍を支援したわけではなく、ウクライナが勝手に中国の民生用ドローンを購入したのだ。それはウクライナ側の自由だ。ロシア側も勝手に購入しているようだし、アメリカのように制裁を行なっている国以外は、民生用商品を購入するのは自由だろう。

なぜウクライナは、あれだけ支援してくれているアメリカ製のドローンを使わないのか。実

は最初は使っていたが、なんと言っても高価であることと、故障したときの部品の取り寄せも大変だからだ。その上、実は性能的にもアメリカ製は良くないのだという。2024年4月10日のウォールストリート・ジャーナルや2024年3月26日のロイターなど、この件について多くの西側メディアが非常に詳細な分析を報道し続けている。そこで戦争が始まった初期のころから今日に至るまでの大量の情報の一部をピックアップして以下に示す。

●ウクライナ軍はドローン監視センターを作り、ロシア軍の動きを偵察。ウクライナ政府は軍だけではなく、ドローンを持っている一般市民にも偵察任務に加わるよう呼びかけ、多くの市民に参加させた。

●ドローンに搭載された熱探知カメラが夜間のロシア兵や戦車を監視する。ドローンの大半は中国のDJI製だが、ウクライナ政府は同社のドローンをロシア軍も使用しているとし、DJIに対しロシアへの販売をやめるよう要請した。DJIは「購入するのは自由だが、民生用ドローンを軍事利用することには反対だ」という姿勢を一貫して示している。

●アメリカ製ドローンはウクライナでは役に立たなかった。高価であるだけでなく、アメリカ製ドローンはロシア軍に探知されやすく、誤作動も起きやすく修理が困難だからだ。

●そのためウクライナは同盟国頼みのドローン調達から脱出しようと、国産ドローンの増産を推進。ゼレンスキー大統領は2023年12月末の記者会見で、「2024年には国産ドローンの生産台数を100万台の大台に乗せたい」と語った。2024年4月10日には「ウクライナ国産ドローン製造に中国のパーツを使っている」とニューヨーク・タイムズが報道している。しかし今のところ、中国製のドローンがほとんどを占め、大きさや形は、まさに図表4-4で汪滔の横に置いてあるドローンと同じだ。

●ウクライナはかつてない規模でドローンを投入している。特にFPV（First Person View、一人称視点）と呼ばれる、ごく小型で安価なドローンが最も強力な兵器として使われている。民生用に開発されたFPVドローンが爆発物を積んで標的に突撃していく場合が多い（筆者注：小さなドローンだが、自分の手元にあるコントロール・ボタンを用いて動いている標的に照準を当てることができ、標的の動きも自分が持っているコントロール・パネルで確認することができるので非常に便利だ。DJIが民間の娯楽用に製作したドローンなのに、本体に結束バンドや強烈なガムテープで爆弾をゆわいつけて目標物めがけてぶつかって自爆する。まるで日本の第二次世界大戦における神風特攻隊のようだと言われている。しかし操縦者は遠くの安全な地点でコントローラーを操作しているだけで完全に無傷。スマホのゲームを遊ぶのに慣れている若者なら、いかなる軍事訓練もなしに使いこなせる。おまけに自爆するのはドローン本体だけなので、若い兵士も喜んで使用する。ただ使い捨てなので安価であることが重要となる。なぜなら100万台ほどのドローンを使用するからだ）。

●飛来するドローンは非常に小型な上に、ユラユラと空中を舞うので敵方の防空システムが効かない。超小型ドローンに焦点を当てて迎撃することが困難だからだ。そんな理由もあり、アメリカ製の軍用ドローンの姿が少なくなった。中国製FPVドローンは、爆弾やそれを本体に縛り付ける結束バンドまで含めた価格は、総額500ドル（約7万6000円）かそれ以下だ。

●前線から2㎞離れた長距離ドローン（有翼型）と前線から300m以内の短距離ドローン（プロペラ型）に分けられる。ドローンが偵察した情報に基づいて、司令官は標的に応じて攻撃手段を決定する。大砲での射撃もあるが、FPVドローンと爆弾投下型ドローンでの攻撃は動いている標的への攻撃に長けている。

●ロシアが使っている最も一般的な長距離ドローン「シャヘド136」の価格は10万ドル（約1513万円）以下で、アメリカの軍用ドローン「MQ-9リーパー」の価格は約3000万ドル（44億円）だ。

●ドローンを阻止する最も有効な方法は電波による信号妨害。ロシアはこの「電波妨害技術」に長けている。電波妨害に対抗するために、信号の妨害を受けにくいAIによるドローンの操縦は今後重要になる（おおむね以上）。

以上から何が見えて来るだろうか?

1. 中国は、というよりDJIは、ただ楽しいドローンを製作しようとし、中国では宅配便など実生活で大いに役立っている。だがウクライナ戦争により民生用の安価なドローンの用途が一変した。

2. 民生用のドローンが小型で安価で性能が高いために、上述のアメリカ製の高価な軍用ドローンよりもずっと軍事的な高い効果を発揮している。

3. DJIのCEOにとって軍事利用は耐えがたい苦痛だろうが、しかし中国という国家にとっては、思ってもみなかった効果があることが図らずも判明した。

4. ひょっとしたら台湾有事などのときに、中国の大きな「武器」になり、「抑止力」につながる可能性も出てきた。

5. 実際、アメリカでは2024年6月20日、新アメリカ安全保障センターが「アメリカは台湾シナリオのために、より安価な長距離ドローンに投資する必要がある」と警告を発している。

ウクライナにおける中国製民生用ドローンの使用からは以上のようなことが見えてくる。日本に関連する話としては2024年3月26日に、中国の「Bilibili」という動画サイトで公開された海上自衛隊の護衛艦「いずも」の空撮画像・動画事件がある。撮影した人が興味本位で撮影してみたら、「本当に撮影できちゃった」という事件だ。そんなことができるはずがないと日本も中国のネットも「フェイクだ」と軽視していたが、5月9日になって、ようやく日本の防衛省が「本物だった」ことを認めた。

ドローンで撮影できたこと自体、日本の自衛隊のセキュリティのあまりの「ずさんさ」を世界に知らしめてしまった。しかも本物であることがわかるまでに約1カ月半もかかった防衛省の能力限界も驚きだ。

今後は、こういったことも身近で起きるかもしれない。

中国の「世界一のドローン」は大きな問題をアメリカにも日本にも突きつけている。まさに米中新産業WARの典型と言えるかもしれない。

第五章

アメリカの500倍の生産力を持ち、新エネルギー船で勝負に出た中国造船業

一、アメリカの500倍の生産力を持つ中国の造船業

国連貿易開発会議（UNCTAD）の2023年データによれば、中国の造船総トン数が「3286万トン」であるのに対して、アメリカの総トン数は「6・48万トン」となっている。中国の造船業における生産力はアメリカの507倍、約500倍だ。

いつからそのようなことになったのかと古いデータを探してみたが、系統的なデータとしては前述のものしかない。おまけにそこには2014年からのデータしかないので、やむなく図表5-1に米中日韓の船舶製造トン数の2014年からの推移を示した。

図表5-1をご覧いただければ明白なように、造船業に関しては韓国が案外に強い。しかし2017年からはその韓国を抜き、中国がひたすら独走を続けている。かつて日本の造船業もなかなかに強く、世界一の時代もあったのだが、今では見る影もなく、中国にも韓国にも追い抜かれたままだ。さらなる低空飛行を続けているのはアメリカで、あまりに生産量が低くて横軸を徘徊しているような状況だ。

2023年のみに数値を書いたが、わかりやすいように円グラフで示すと図表5-2のようになる。

図表5-1　米中日韓の船舶製造トン数の推移

国際連合貿易開発会議のデータに基づき筆者作成

図表5-2　2023年の米中日韓の船舶製造トン数の割合

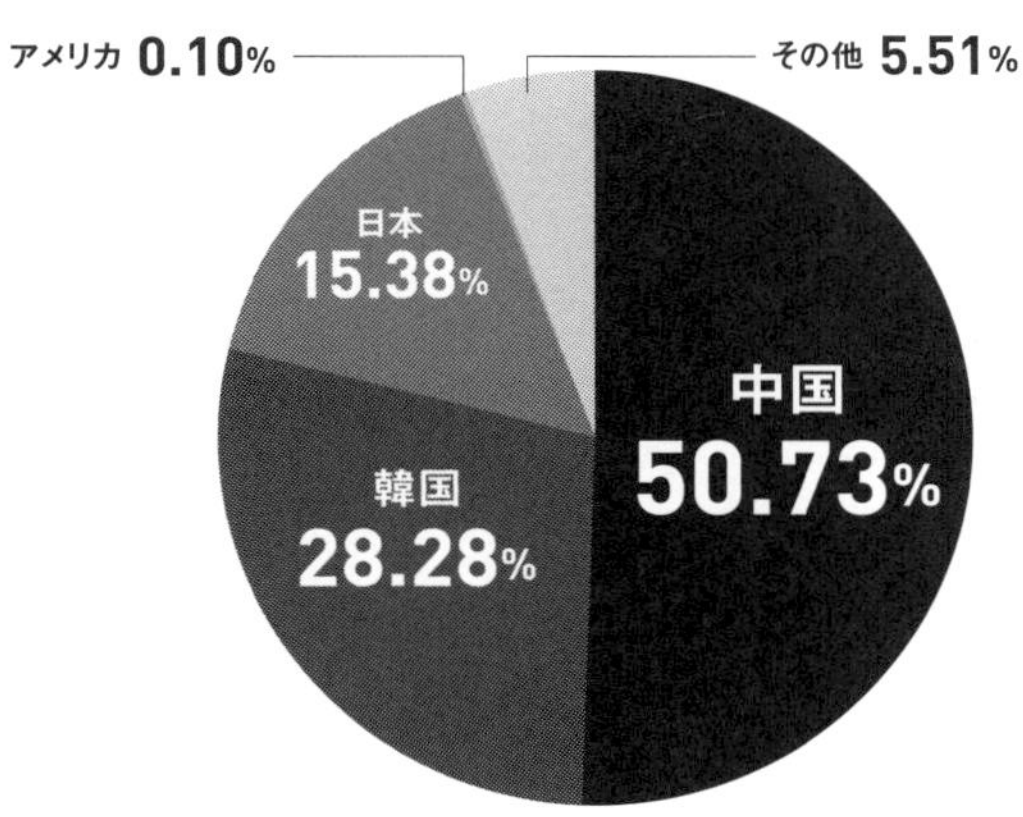

国際連合貿易開発会議のデータに基づき筆者作成

アメリカは0・10％なので、円グラフ上では線としても表れにくい程度でしかない。やはり、なぜアメリカがこんなことになったのか、知りたい。そこでさまざま調べてみたところ、おおむね以下のような経緯があって、こんにちのような状況になっているらしいことがわかった。

●アメリカの造船業の衰退は、「産業空洞化」の一環として1980年代から始まっている。アメリカの造船所は政府の命令に大きく依存しており、レーガン政権（1981〜1989年）は1981年に商業造船補助金制度を撤廃した。それに伴い、造船業界は4万人の労働者を解雇し、造船業界全体の崩壊を招くに至った。

●1980年、ロナルド・レーガンが大統領の就任前夜、アメリカの海運会社も62隻の外洋商船の注文を受けていた。それが81年には46隻に、82年には35隻、83年には21隻、84年には13隻にまで減少し、レーガン政権が終わる88年にはついに「ゼロ」になってしまった。

●もう少し大きな流れで見るなら、レーガン政権一期目は、前政権（カーター政権）から続くスタグフレーション（雇用減や失業率上昇の中で物価だけは上昇していく状態）の解決が課題だった。レーガンは打開策として「軍事支出を増大させ、強いアメリカを復活させること」や「減税により労働意欲を向上させること」とか「規制を緩和すること」などを目指したはずだが、あまり効率が良くない造船業への補助金制度を撤廃する一方、「力による平和」を唱えて軍事力を増強し、旧ソ連崩壊の方向に力を注いだ。

●アメリカは旧ソ連を崩壊させることに成功したため、グローバリゼーションを本格化し、地球上の他の国に製造などの役割分担をさせるサプライチェーンを形成した。これが中国の製造業を強くし、アメリカの「産業空洞化」を招いたことは序章で述べた通りだ。レーガノミクスがその始まりであったことが、造船業を考察すると鮮明に浮かび上がってくる。
●海軍の戦艦に関して別枠予算ではあるものの、造船技術者の不足により、空母のレベルに関してさえ疑問が持たれるようになっている。

このような中、２０２３年12月、習近平は「新エネルギー船」造船に関する指示を発布した。

二、中国の「船舶製造業新エネルギー発展行動綱要（２０２４-２０３０年）」

２０２３年12月26日、習近平政権は国務院工業情報（信息）化部〔２０２３〕２５４号通知として「工業情報化部・国家発展改革委員会・財政部・生態環境部・交通運輸部」の名の下に「船舶製造業緑色（新エネルギー）発展行動綱要（２０２４～２０３０年）」（以下、「新エネルギー船綱要」）を発布した。

具体的な内容は非常に長文であるだけでなく、かなり専門用語が使われており難解でもある。
そこで、その概略を示す前にひとことで説明すると、車で言うならば「ガソリンで動いていた車を電池で動くようにしたものをEVと呼ぶ」ように、船はこれまでエンジンオイルで動いていたが、これを「オイル」ではなく、「クリーンな新エネルギー」に置き換えたのが「新エネルギー船」である。つまり、ガソリン車がEVになったようなものだ。

これまで使われてきた船舶のエンジンは主として重油だったので、環境汚染が激しかった。一方、世界の運搬業の90％は海運業のようなので、船舶エンジンのクリーンエネルギー化は、環境対策として大きな成果を生むことになるのだろう。

こういったイメージが最初にあると、難解な条文も、いくらか身近になってくるかもしれない。それでは以下、「新エネルギー船綱要」の概略をご紹介する。

●船舶製造業の新エネルギー（クリーンエネルギー）発展は、世界の海事産業における新たな科学技術革命と産業変革の重要な方向性である。わが国の船舶工業が質の高い発展を遂げるためには避けられない道である。中国共産党第20回党大会の精神を貫徹するため、カーボンピークやカーボンニュートラルの達成と新産業化の促進というわが国の戦略的展開を実行し、国際船舶温室効果ガス排出削減戦略の実施を促進する。船舶製造業界の新エネルギー転換を加速させるために、この行動計画を策定した。

●イノベーションを第一の推進力とし企業の主要な地位を強化し、新エネルギー製品と新エネルギー生産の主要技術の研究を加速し、制度革新を強化し、新世代情報技術と造船産業の深い統合を加速促進させ、新エネルギー船舶という新産業分野を発展させる。そのためには海事ガバナンスにおける国際協力も不可欠だ。

●2025年までに、まず**船舶製造業界の新エネルギー開発システム**を確立させる。近年、新エネルギー製品の供給能力はますます向上し、船舶代替燃料や新エネルギー技術の適用により、液化天然ガス（LNG）やメタノールなどの、よりクリーンなエネルギーを使った船の国際市場シェアが高まっている。主要な企業は汚染削減と二酸化炭素削減において顕著な成果を上げ、生産額1万元当たりの総エネルギー消費量は2020年と比べて13・5％減少した。

●2030年までに船舶製造の新エネルギー開発システムを基本的に完成させる。わが国の新エネルギー船舶製品はあらゆる供給能力を形成し、新エネルギー船舶技術は国際先進レベルに達し、新エネルギー船舶の国際市場シェアは世界トップレベルを維持し、主要企業のエネルギー利用効率は国際先進レベルに達する。これにより**完全に完成した新エネルギー船舶製造のためのサプライチェーン管理システムを形成させる。**

●新エネルギー船舶標準化の先導プロジェクトを実施し、**大型外航船のLNG燃料船型の最適化とアップグレード、メタノールおよびアンモニア燃料船型の研究開発の加速化、燃料電池などの新しい型の船の探索と開発**など、一連の新エネルギー船舶ブランド製品を形成させる。沿岸内陸河川船舶電化のパイロットプロジェクトを推進し、旅客船、貨物船、工作船、漁船、その他の認定船舶などのLNGおよびバッテリー駆動船の研究開発と実証応用を積極的かつ着実に推進し、**メタノール、水素、その他の動力船の研究開発**およびパイロットプロジェクトを実施し、さまざまなシナリオのニーズに応じて標準化された船種を製造する。

●**液体アンモニア、液体水素、液体二酸化炭素などの新型輸送船の研究開発**を加速し、洋上浮体風力、浮体太陽光発電、洋上統合エネルギーアイランドなどの新たな海洋エネルギー機器の研究開発・応用を強化させる。先進的で適用可能な省エネおよび排出削減技術を最大限に活用し、伝統的な動力船の技術変革を実行し、既存の運航船のクリーンエネルギーのレベルを効果的に向上させる。

●船舶動力のクリーンエネルギー化設計に当たり、「船舶製品の資源、エネルギー、環境、製品特性を総合的に考慮し、省資源、エネルギー効率の向上、炭素排出削減、有毒有害物質の使用削減」を船舶設計目標に組み込む。クリーンエネルギー製品の設計手法を改善し、設計、製造、運用などをカバーするデジタル共同設計システムの確立を推進する。「軽量化設計、大型モジュール設計、マージンのない生産技術と新素材の適用」を強化し、「船種、電力システム、省エネ技術機器」などの性能マッチングを最適化する。設計と製造の共同シミュレーションを強化し、船舶製品のライフサイクル全体のシミュレーションを探索し、造船業界におけるソフトウェアの革新的なアプリケーション機能を向上させ、船舶の製造、運航、修理、改造、解体のクリーンエネルギーのレベルを向上させる。

●従来の燃料および船舶用エンジンの効率を向上させるための船舶動力革新プロジェクトを実施し、**LNG船舶用エンジンの市場適用規模を着実に拡大させる**。メタノールおよびアンモニア燃料などの低炭素およびゼロ炭素燃料船舶用エンジンに関するコア技術研究を推進する。

●規模の実証効果を達成するための、メタノールおよびアンモニア燃料エンジンのフルパワースペクトルを形成し、ＬＮＧを使用する船舶用エンジンの開発を考慮して、船舶における燃料電池および動力電池の適用範囲を積極的かつ着実に拡大させる。

●バイオディーゼル、エタノールなどの燃料を使用し、海運市場の多様化、クリーンエネルギー化、低炭素化のニーズに応える水素燃料船舶エンジン技術の研究開発を行なう。新エネルギー燃料供給システム、排ガス後処理システム、汚染物質排出監視システム等の研究開発・応用を加速させる（「新エネルギー船綱要」からの引用はここまで）。

三、世界の70％以上を占める中国の新エネルギー船新規受注

「新エネルギー船綱要」が発布されたのは2023年12月だが、その約半年後の2024年7月16日、工業情報化部は「2024年上半期の造船業最新データ」として、「主流の船種すべてをカバーして**中国の新エネルギー船の新規受注の国際シェアは71・7％に達した**」と表明した。これに関して7月16日、中央テレビ局CCTVは以下の報道をしている。

●中国の造船業の3大指標は着実な成長を続け、世界をリードしている。たとえば、

◇2024年上半期、中国の新造船建造量は2502万載荷重量トンで、前年比18・4％増。

◇新造船受注量は5422万載荷重量トンで、前年比43・9％増。

◇6月末時点の手持工事量は1億7155万載荷重量トンで、前年同期比38・6％増。

◇三大主要指標における中国の世界市場シェアはそれぞれ、「新造船建造量55％、新造船受注量74・7％、新造船手持工事量58・9％」となっている。

◇世界の主要18種の船舶型のうち、中国は14種の船舶種において、新規受注で世界第1位となっている。

●2024年の最初の5カ月間で、中国の造船業界の利益総額は前年同期比で3倍近く増加した。船舶が新エネルギー変革を達成するには主として二つの方法がある。一つは、「LNG、メタノール、液体アンモニア」などの新エネルギー燃料を船舶の動力として使用することで、もう一つ、「船舶の動力ユニットの最適化や脱硫システムなどの新技術の追加により、省エネと排出削減を実現すること」だ。

●中国船舶大連造船のマーケティング部ディレクターの彭貴勝（ほうきしょう）氏は「われわれはかつて世界で最初のLNGを燃料とするVLCC（超大型オイルタンカー）を製造し納品しました。今年は同じように世界で初めての液体アンモニアを燃料とするタンカーを受注しています。新エネルギー船の電力システム、燃料供給システム、貯蔵システムはすべて予想外の付加価値をもたらし、さらなる高付加価値化をもたらします」と言っている。

●世界貿易の9割は海上で完結しており、船舶輸送による環境汚染は国際社会から大きな注目を集めている。国際海事機関は、国際海運による温室効果ガス排出量を2050年頃までに実質ゼロにすることを提案している。昨年発表された「新エネルギー船綱要」に即し、2025年には船舶製造業の新エネルギー船化開発システムが確立される。船舶エンジンの新エネルギー化と低炭素化は、海運業界の発展において避けられないトレンドとなっている（CCTVの報道概要は以上）。

図表5-3 2023年新造船受注量シェア

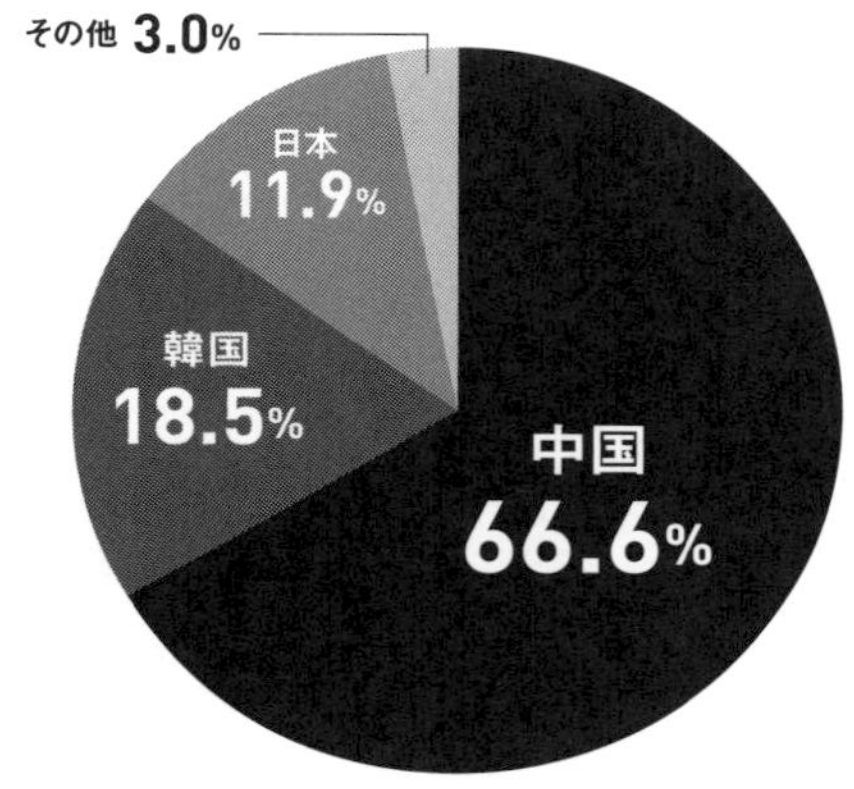

出典：中国船舶工業業界協会

図表5-4 2024年新造船受注量シェア

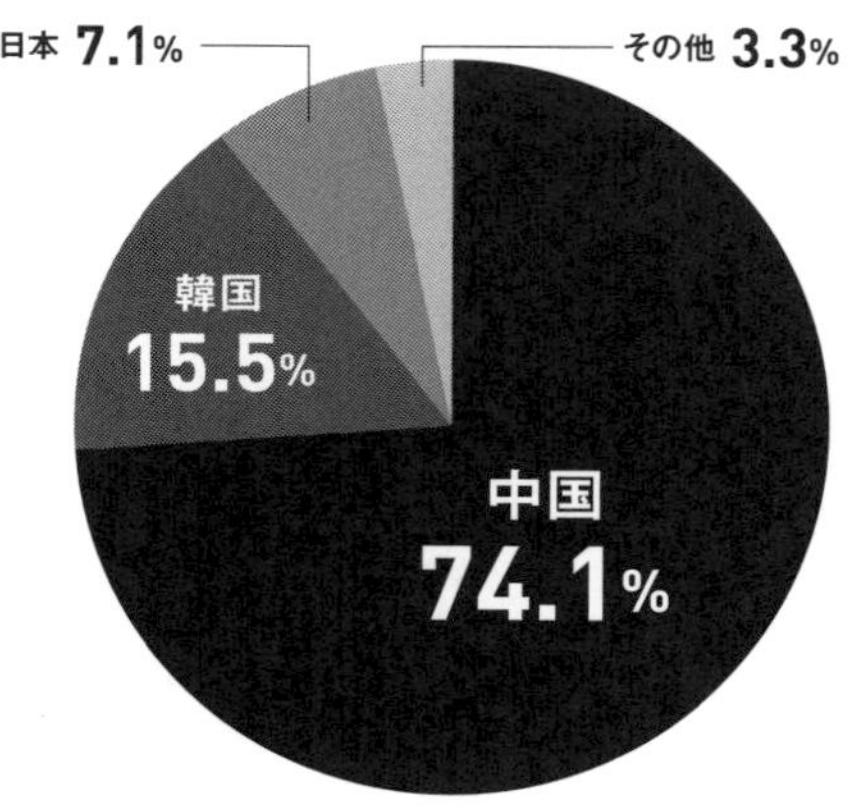

出典：中国船舶工業業界協会

一方、「中国船舶工業業界協会」によると、２０２３年の新造船受注量の世界シェアは図表5-3のようになっており、２０２４年は図表5-4のようになっている。中国だけが増えている。

四、追い上げる中国のＬＮＧ運搬船

ＬＮＧ運搬船に関しては圧倒的に韓国が強い。ＬＮＧを運搬する船は一般にＬＮＧタンカーとかＬＮＧ船と言われることが多い。中国が「新エネルギー綱要」に書いているように、ＬＮＧをエンジンとして使う船舶もあり、混乱しやすいので、ここでは**ＬＮＧ運搬船**と呼んで区別することにしたい。

ＬＮＧ運搬船は、大型の低温断熱タンクを船体内に複数備えており、内部には極低温のＬＮＧが充填されている。ＬＮＧは比重が軽く、メタンを主成分としていてマイナス１６１・５度Ｃ以下でなければ常圧下で液体とはならないため、加圧タンクや断熱構造を備えている。

２０２４年1月22日に公開されているイギリスのクラークソンズ・リサーチによれば、２０２３年のＬＮＧ運搬船建造量の世界シェアは韓国が１位で約83％、中国が２位で約17％である。

この2国で100%になってしまうので、基本的に日本もアメリカもほぼ「ゼロ」ということになる。

アメリカに関しては、レバノンを本拠地とするアラブの新聞アル・マヤディーンのウェブサイトが2024年5月1日に、「米国は独自のLNG運搬船を建造できない：米海軍長官」という見出しで報道している。それによれば「米国内のどの造船所もLNG運搬船を建造することはできない」と、米国海軍長官カルロス・デル・トロが米下院軍事委員会で証言したとのこと。アメリカの造船記録によると、アメリカの造船所が最後にLNG運搬船を製造したのは1980年だったという。したがってアメリカは現在、一隻たりともLNG運搬船を製造していないので「ゼロ」だと言っていいと思うが、日本の建造量も「ゼロ」なのだろうか。

調べてみると、日本もどうやら2019年以降は製造してないようだ。

2022年6月10日の日刊工業新聞によれば、三菱造船は2019年頃まで球形タンクのモス型LNG運搬船を香焼(こうやぎ)工場(長崎市)で建造してきたが、同工場の新造船エリアを大島造船所(長崎県西海市)に譲渡することを決め、大型LNG船建造からは実質撤退したとのこと。

2023年9月8日の大島造船所のホームページには「2022年12月末に香焼工場の取得が完了。香焼工場1番船の引渡は2024年7月引渡の予定。新造船以外では洋上風力向け浮体、LNGタンク製造、鋼構造物などの検討を進める」という趣旨が書いてあるので、現時点

（執筆時点）では製造していないことになる。日刊工業新聞によれば、それでも三菱造船はＬＮＧ運搬船製造に再挑戦しようとしているらしいが、完成までには時間が掛かるだろうから、やはり日本も「ゼロ」ということになる。

となるとＬＮＧ運搬船に関しては、韓国と中国だけの競争になる。

その中国、実はカタールから大型注文があった。

２０２４年４月29日、中央テレビ局ＣＣＴＶは「18艘のＬＮＧ運搬船！　中国企業が世界最大級の造船注文を獲得！」というタイトルで特別番組を報道した。それによれば４月29日、中国船舶集団はカタール・エナジー・グループと、18艘の世界最大級の27・１万立方メートルの超大型ＬＮＧ運搬船プロジェクトに関する調印式を北京で開催したとのこと。

船の全長は３４４メートル、幅53・６メートル、深さ27・２メートル、設計喫水12メートルであり、デュアル燃料低速エンジン推進と「ＮＯ96スーパー＋断熱システム」が採用されている。「喫水線」というのは「船が浮いている状態で、船体と水面が交わる線」のことで、「船底からこの喫水線までの距離」を「喫水」と称するらしい。専門用語なので、船に詳しくない筆者は、いろいろ調べるしかなかったが、「設計喫水」は英語では「designed draft」と言うらしい。「デュアル燃料低速エンジン」という言葉もわからないまま書くのは性に合わない。そこで調べてみたところ、以下のようなことらしい。ＬＮＧ運搬船は低温のＬＮＧが常に蒸発し続けているので、この蒸発するLNGを無駄にしないためにエンジンに回しているらしい。そのためLNG運搬船のエンジンは、「重油エンジン+LNGエンジン」の「デュアル(二つの)エンジン」になっている。それを「デュアル燃料低速エンジン」と称するようだ。

最後の「NO96スーパー+断熱システム」もわかったような顔をして通り過ぎるわけにはいかない。しかしあまりに専門的なので、何なのかを詳細に知りたいと思われる方は、https://gtt.fr/technologies/no96-super-0 にリンクしてご覧いただきたい。それでも少しだけ概略的に書いてみると、そのリンク先には「NO96 Super+テクノロジーは、一次断熱スペースと二次断熱スペースの両方に使用される合板ボックスの代わりに、断熱強化ポリウレタンフォーム(R-PUF)パネルを統合し、タンク内の熱侵入を減らす」となるようだ。

どうやら中国船舶集団はカタール・エナジー・グループと基本的に上記のような条件を兼ね備えたLNG運搬船製造に関して締結し、その船体がとてつもなく大きいということだけはわかった。2020年、カタール・エナジー・グループは、上流の生産能力拡大に必要な容量を満たすために100艘以上の大型LNG運搬船を建造することを目的とした「100艘計画」を発表した。今回、中国船舶集団は「100艘計画」の中の18艘の受注に成功したわけだ。CCTVは、「これは中国のLNG運搬船の研究開発、設計、建造が一挙に超大型分野に足を踏み入れ、世界をリードする目標に向かって進んでいることを示している」と締めくくっている。

たしかに5月14日、カタールのエネルギー担当大臣でカタール・エナジー・カンパニーの社長兼CEOであるサード・シェリダ・アルカービ氏は首都ドーハで、「エネルギー開発の分野での中国との協力は、伝統的なLNG貿易から再生可能エネルギーへの希望である。以前は、すべてのLNG運搬船は韓国から輸入していたが、今では中国の造船所を選んでいる。カタールは中国と非常に良好な関係を結んでいる」などと言っている。

一方、韓国の産業通商資源部や関連業界では、「中国がLNG運搬船の分野で韓国に追いつくことは避けられないだろう」と述べているようだ。事実、「LNG運搬船の新造船受注量世界シェア」を描くと図表5-5のようになる。世界で製造しているのは中国と韓国しかないので、「世界シェア」は結局のところ「中国と韓国のシェア」になる。

本セクションの冒頭に書いた、イギリスのクラークソンズ・リサーチによる「韓国83%、中国17%」というデータは、あくまでも「LNG運搬船建造量のシェア」だ。「建造量」は「過去数年前の情況」を反映した「結果」だが、「受注量」は「現状と数年後の趨勢」を表す。

最新情報なので、どこにも統一されたデータを記したものはない。

そこで独自に年ごとのデータを探し出してプロットしたのが図表5-5だ。

図表5-5　LNG運搬船新造船受注量シェア

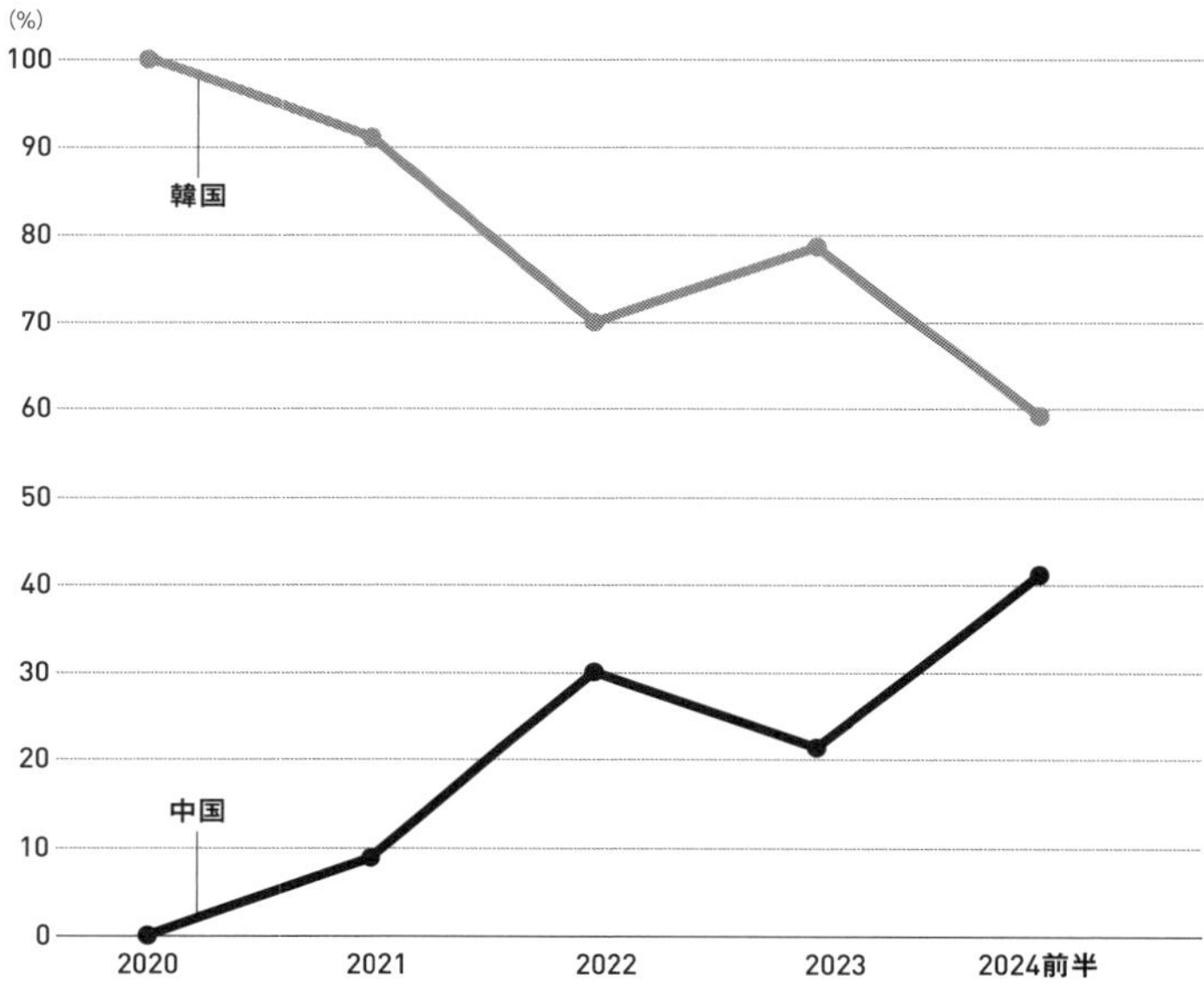

出典：●2020年データ：2021年2月10日のSouth Korea claims top spot in 2020global shipbuilding orders - KED Global（https://www.kedglobal.com/monthly-trade-infographics/newsView/ked202102100009）に基づく。

●2021年データ：2022年1月3日の中国造船业时隔三年重夺世界第一!韩国酸了-船市观察-国际船舶网（eworldship.com）（https://www.eworldship.com/html/2022/ship_market_observation_0103/178251.html）に基づく。

●2021年&2022年データ：2024年1月7日の爆单了!LNG船订单量暴增400%!订单排到2028年_手机新浪网（sina.cn）（https://finance.sina.cn/2024-01-07/detail-inaascei0535322.d.html）に基づく。

●2023年データ：2024年2月27日のLNG运输船市场回顾与展望-液化气船市场-国际船舶网（eworldship.com）（https://www.eworldship.com/html/2024/gas_carrier_market_0227/201097.html）に基づく。

●2024年前半のデータ：2024年7月4日の615艘超60%!中国造船业全力加速甩开韩国-船市观察-国际船舶网（eworldship.com）（https://www.eworldship.com/html/2024/ship_market_observation_0704/204424.html）に基づく。

五、ニューヨーク・タイムズ：海洋をも制覇する中国

習近平は２０１３年から巨大経済圏「一帯一路」を唱えて、中国を中心に陸上を「一帯」でつないだだけでなく、海の航路も「一路」でつないでいった。「一帯」は東南アジアを含みながらユーラシア大陸だけでなく、ヨーロッパや南米にも手を伸ばし、「一路」は日米を中心とした先進7カ国以外のほぼすべての国の海岸を網羅している。

貿易のための運航の90％が海運であるなら、船舶の70％ほどを中国が占め、しかも新産業が目指す新エネルギー船がさらにその70％を占めるというのなら、新産業において海洋を制覇しているのは中国であるとなろうか。

日本が中国経済崩壊論に酔いしれている間に、中国の新産業はとんでもない発展空間を広げていたことになる。

２０２２年10月4日のエコノミック・タイムズはニューヨーク・タイムズのマイケル・ロバーツ氏の記事を転載する形で「サプライチェーン：何千もの商船を擁する中国はいかにして海をコントロールしているのか）」というタイトルの記事を書いている。

一方、２０２２年10月12日には、ニューヨーク・タイムズ中文版が英語版のオリジナル記事

図表5-6　中国の海洋支配を打破するときが来た

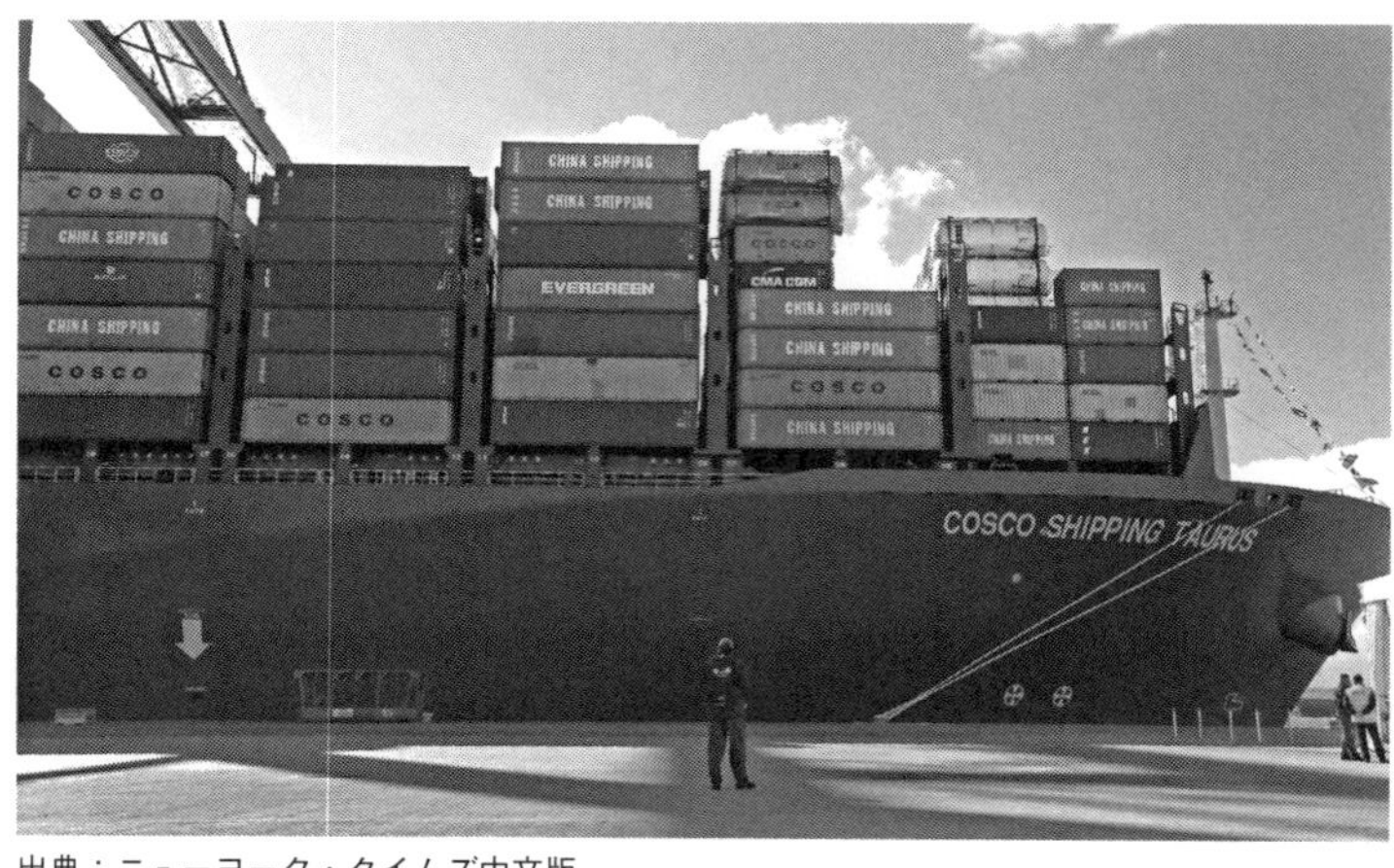

出典：ニューヨーク・タイムズ中文版

を中国語で公開している。題して「是时候打破中国对海洋的控制了（中国の海洋支配を打破するときが来た）」。

冒頭には図表5-6のような写真があって、まるで「詩」のように綴っているので、その一部をご紹介したい。作者はマイケル・ロバーツ記者だ。

——権力の座に就いて間もない2013年、習近平国家主席は中国を「海洋大国」に変えるよう指示した。中国はすでに世界最大の海軍を保有しているが、米国海軍に対抗する能力には疑問が残る。

しかし、北京の指導者たちは、海上権力は軍事力だけでは測れないことを認識している。習近平は当時、政治局に対し、商業海運の成功は中国の国力と安全保障に広範囲にわたる影響をもたらすと述べ、歴史上最も強力な国は海を支配する国であることを喚起した。あれから約10年が経ち、習近平のビジョンは現実のものとなった。中国は世界の海洋強国となり、何千隻もの商船が海を航行し、より多くの船舶を生産できる巨大な造船産業力を持ち、おまけに全世界のサプライチェーンで圧倒的に主導的地位を占め、もし米中紛争が起きたら、米国を服従させる可能性がある。

米国経済は中国と東アジアからの製品と資源に大きく依存しており、海運ネットワークはますます中国の利益によって支配されている。

香港を含め、中国は他の国よりも多くの商船を保有しており、商船の保有量に関しては世界2位のギリシャのほぼ2倍である。中国は世界の大型商船の約半分を製造しており、世界のドライコンテナの96％も生産している。習近平の強大な経済構想「一帯一路」を通して、中国は世界中の海上ターミナルとインフラの所有権を取得した。

米議会の諮問機関は、中国政府が海運データを使用して商品の動きを追跡し、商業的または戦略的な優位性を得る可能性があると警告している。米中貿易の大部分は海上で行われており、米国は中国からのコンピューター、スマートフォン、技術部品、基本機械の輸入に依存している。

中国は、軍事用途を含むさまざまなハイテク製品の主要素材である精製リチウムや希土類製品などの特殊商品の生産も世界的に支配している。中国と米国が台湾をめぐって戦争を始めた場合、北京は中国の海運会社に指示して、米国向けの製品や資源に干渉することができる。

第二次世界大戦後、アメリカは世界有数の造船国となった。しかし1981年、米政府は造船業への大規模補助金を廃止した。これは深刻な影響を及ぼしている。今年7月に米議会で可決されたChips and Science Actは、米国の半導体の世界的な供給源を多様化し、米国の製造業者を支援することを目的としており、米国が直面しているリスクについて超党派の合意が得られれば、何かできるかもしれないことを示唆している。米国は、明確な国家海運戦略を策定し、造船産業基盤の発展に直接投資し、米国の造船業者や海運会社が国際市場で失われた地位を取り戻すための財政的およびその他の支援を提供することを必要としている。

米国はまた、湾岸戦争で成功したように、海外の紛争で軍事物資を送る準備ができており、台湾紛争でも必要になるかもしれない老朽化した艦隊の多くを新たなものに置き換える必要がある。これらすべては、米国で何万人もの熟練労働者を採用し、訓練し、維持するための推進を意味するに違いなく、業界の復活は彼らなしでは成り立たない。

中国の海洋支配に対抗するには、時間、資金、コミットメントが必要だ。
しかし、米国の輸入源を多様化し、世界の海上サプライチェーンのコントロールを再構築しなければ、米国は中国との対立に縛られることになりかねない。

（「詩」の一部引用は以上）

なんとも哀しいまでに米中の海洋での圧倒的な力の差を表している「詩」ではないだろうか。哀愁が胸に突き刺さる。

しかし米中のこのギャップを埋めるのは、これまで見てきたデータと歴史と文化の差により、「中華人民共和国」が崩壊でもしない限り、絶望的であろうことが推測される。２０２４年現在、中国が所有している商船は９４１８隻で、香港を含めれば１万１４１８隻となる。対するアメリカの商船は１７８８隻だ。

２０２４年8月12日、ニューヨーク・タイムズが「海軍の軍艦生産は過去25年間で最悪の情況」という見出しの記事を報道した。本書では兵器製造に関しては触れないことを旨としているが、ただ造船技術の空洞化は自ずと軍艦生産の技術者の欠乏に直結する。現に米議会予算局の長年の海軍アナリスト、「エリック・ラブス氏が四半世紀で最悪だと嘆いている」と報道されている。造船の熟練工だった高齢の退役軍人も去り、１９８１年からの40年間にわたる技術者の空白化は、ゴミ収集車の製造に当たっている若者を職業訓練しても埋め合わせられるものではないし、人材の定着化も怪しいと懸念しているとのこと。商船を中心とした船舶事業における技術者の米中の差異は、海軍力にも深い影を落としていくのかもしれない。

なお、このような事情を受けて、米通商代表部（USTR）は2024年4月に通商法301条に基づく調査を開始していた。そして2025年1月16日に報告書を出し、「中国が自国の造船・海運業界を優位に立たせるために、資金援助、外国企業への障壁、技術移転の強制、知的財産の窃盗、調達政策などを駆使した」と結論づけた。それを受け、バイデン前大統領は任期ギリギリに中国の船舶業に対して通商法301条を適用することを決定した。すなわち対中制裁を決定したということである。

いまアメリカにできるのは対中制裁を発することだけだ。それによってアメリカの製造業が隆盛するわけではない。この現実は日本にも言えることだ。重要なのは自国の産業が成長することではないのだろうか。

第六章

研究人材でも世界トップをいく中国

一、ネイチャーのランキング「トップ10」を中国がほぼ独占

２０２４年6月、イギリスの科学誌ネイチャーなどを出版するスプリンガー・ネイチャー社が発表した「ネイチャー指標２０２４　研究リーダーランキングのトップ10」に中国の大学や研究機関など教育研究機関が７機関もランクインしていることがわかった。欧米の優位性が低下する一方、中国やインドの成長が目立つ。

ここでは、その実態を検証する。

6月18日、ネイチャーは〈ネイチャー指標２０２４　研究リーダーズ：中国の研究機関が上位を独占〉という見出しの調査結果を発表した。２０２４年のネイチャー指標は独立した研究者グループによって選ばれた１４５の自然科学分野および健康科学分野のジャーナル（学術雑誌）に掲載された研究論文への貢献を、２０２３年に出版された7万５７０７報の論文を基に作成している。指標は以下の３項目を基準としてランキングを行なっている。

●Share（シェア）：ネイチャー指標の対象論文において、特定の拠点の著者による貢献度を測る指標。

●Count（カウント）：論文において、ある国・地域ないし機関から１人でも著者として名

前が挙げられていれば、その国・地域ないし機関の論文1点（カウントを1）として数える計算方法。

●Adjusted Share（調整後のシェア）：ネイチャー指標に登録された論文総数の年間変動を考慮したパーセンテージ変化の指標。

以上の定義に基づいて2024年の研究ランキングを、

図表6-1：1~10位
図表6-2：11~20位
図表6-3：それ以下の順位にある日本の大学を拾ったリスト

の3種類に分けて示す。今般の考察は中国を対象にしているので、該当欄に関しては黒地に白抜きの文字で区別した。

図表6-1から明らかなように、「トップ10」のうち七つの教育研究機関が中国によって占められている。しかも中国の2022~2023年における成長率はすべてプラスであるのに対して、欧米の教育研究機関の成長率はすべてマイナスであることが特徴的だ。

特に浙江大学は23・1%という群を抜いた成長ぶりを示している。

アメリカは「トップ10」の中に1大学しか存在せず、凋落ぶりが目立つ。

図表6-1 ネイチャー指標2024 研究リーダーランキング 1〜10位

順位	機関名	国	2023年シェア	2023年カウント	調整後シェアの成長率 2022-23（%）
1	中国科学院	中国	2243.22	7,554	6.3%
2	ハーバード大学	アメリカ	1143.43	3,763	-3.1%
3	マックス・プランク協会	ドイツ	642.83	2,572	-8.9%
4	中国科学院大学	中国	635.81	3,227	5.2%
5	中国科学技術大学	中国	631.20	1,858	6.7%
6	北京大学	中国	617.17	2,349	8.8%
7	フフンス国立科学研究センター	フランス	613.90	4,400	-0.7%
8	南京大学	中国	609.45	1,448	6.8%
9	浙江大学	中国	593.37	1,540	23.1%
10	清華大学	中国	593.45	1,945	11.2%

ネイチャー指標のデータを筆者が和訳

図表6-2 ネイチャー指標2024 研究リーダーランキング 11〜20位

順位	機関名	国	2023年シェア	2023年カウント	調整後シェアの成長率 2022-23（%）
11	ドイツ研究センターヘルムホルツ協会	ドイツ	531.05	2,752	2.2%
12	中山大学	中国	492.47	1,266	11.7%
13	上海交通大学	中国	488.94	1,449	10.2%
14	マサチューセッツ工科大学	アメリカ	484.86	2,032	0.1%
15	スタンフォード大学	アメリカ	474.13	1,929	-20.7%
16	復旦大学	中国	461.26	1,333	6.4%
17	四川大学	中国	413.63	768	25.2%
18	アメリカ国立衛生研究所	アメリカ	394.48	1,112	-12.6%
19	東京大学	日本	389.36	1,239	-3.2%
20	オックスフォード大学	イギリス	388.22	1,625	-9.1%

ネイチャー指標のデータを筆者が和訳

全世界で戦争を引き起こしているため武器製造を中心とした軍事産業に傾注しているので、軍事以外の科学技術に関する研究開発が疎かになっている可能性がある。アメリカは軍事費に関して世界で類を見ないほど国家予算を割いており、製造業に関しては完全な空洞化が起きているので、製造業の研究開発は極端に疎かになっているだろう。そういうことも影響しているかもしれない。

事実、2024年5月29日、アメリカのクインシー研究所東アジアプログラムの代理ディレクターであるジェイク・ウエルナー氏が「最善の解決策は中国企業をアメリカに呼び込み、その知的財産を盗むことだ」という発言までしている。米中の産業技術に関する研究開発は完全に逆転しているのが現状だ。

11〜20位でも中国が4大学と最も多く、成長率はすべてプラスである。特に17位の四川大学の成長率は25・2%と、今般のすべての調査対象の中で最高値を記録している。

しかしアメリカは中国に遅れをとっているとはいえ、14位以下に三つの教育研究機関があるので、なお健在かとも思われる。もっとも、2022年〜2023年の成長率がスタンフォード大学「マイナス20・7%」、アメリカ国立衛生研究所「マイナス12・6%」となっているので、やはり衰退の方向には向かっていると言っていいだろう。

日本は19位に東京大学が初めて現れているが、成長率は「マイナス3・2%」と低い。

図表6-3 ネイチャー指標2024 研究リーダーランキング 20位以下から拾い上げた日本の研究ランキング

順位	機関名	国	2023年シェア	2023年カウント	調整後シェアの成長率 2022-23（%）
⟆					
47	京都大学	日本	241.69	768	-6.9%
69	大阪大学	日本	188.28	556	8.7%
104	東北大学	日本	143.52	661	-2.0%
119	北海道大学	日本	126.03	345	9.4%
123	理化学研究所	日本	124.09	591	-5.2%
128	名古屋大学	日本	118.75	477	9.4%
169	東京工業大学※	日本	98.82	351	-8.6%
191	物質・材料研究機構	日本	88.89	388	5.3%
219	九州大学	日本	82.17	364	-7.0%

※東京科学大学に改称（2024年10月～）

ネイチャー指標のデータに基づいて筆者作成

図表6-4 ネイチャー指標における主要国のシェアの推移

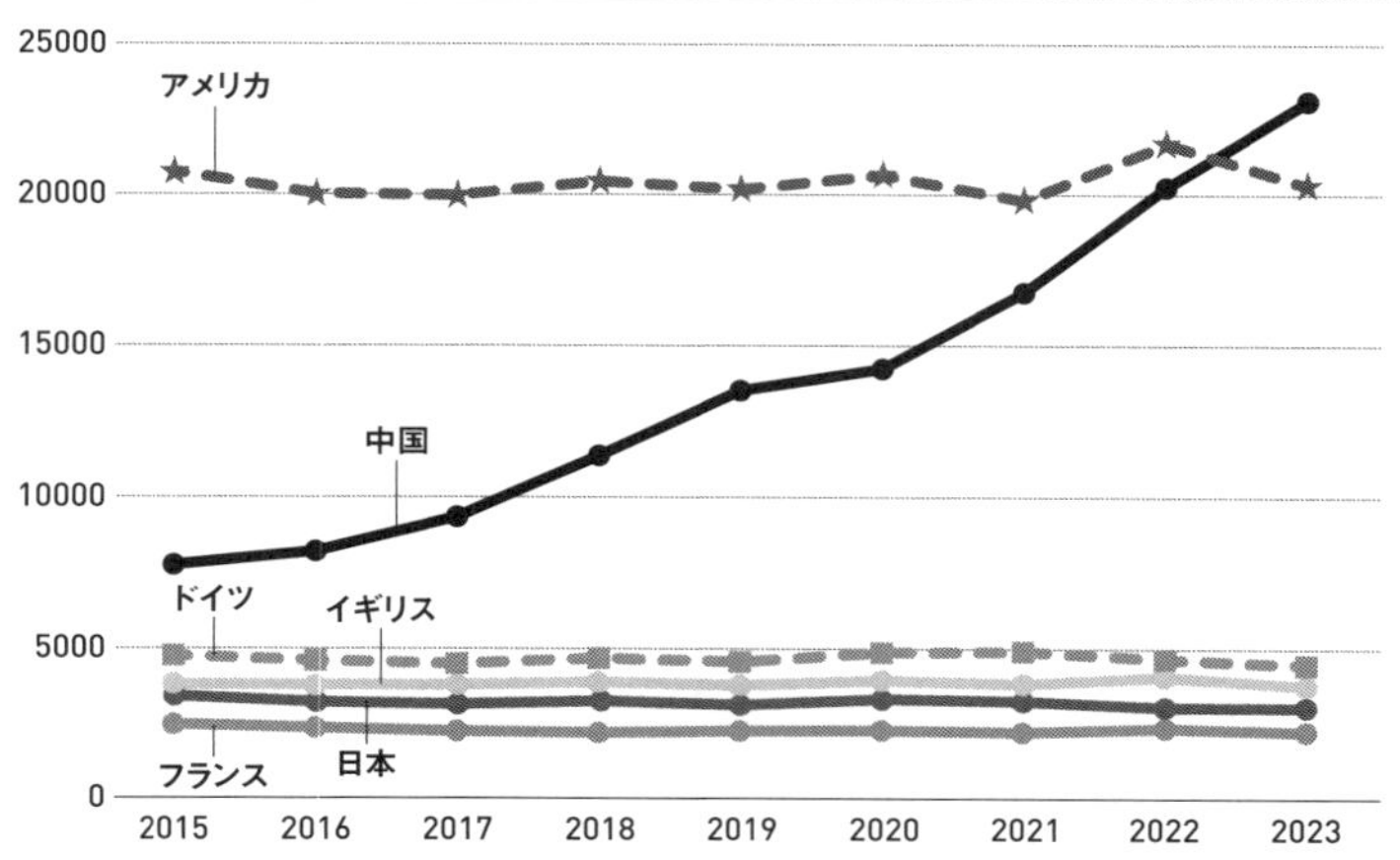

Nature Indexのデータを基に筆者作成

その日本だけを、すべての研究ランキングの中から拾い上げて一覧表にまとめたのが図表6-3である。

2024年6月14日、日本の文部科学省（以下、文科省）により国際卓越大学（10兆円規模の基金「大学ファンド」の運用益を活用し、国際的に卓越した研究の展開および経済社会に変化をもたらす研究成果の活用が見込まれる大学）として選ばれた東北大学は、なんと世界ランキングで第104位。しかも前年度から五つ順位を落としており、2022年〜2023年成長率は「マイナス2・0%」である。

これが日本で最も期待されている大学の、全世界におけるランキングなのだ。この無残な実情から目を背けることはできないだろう。

なお、かつて鳴り物入りで誕生した沖縄科学技術大学院大学などは研究ランキングでは500位圏外で、世界から見ると存在していないに等しい。

こんなことで日本はいいのかと目を疑うばかりだが、ネイチャー指標における主要国のシェアの推移（図表6-4）を見ると、さらに絶望的になるだろう。ただしネイチャー指標は2014年から調査を始めたので、2015年からのデータしかない。これは奇しくも習近平が狙ったパラダイム・チェンジの国家戦略の時期と一致している。

一番太い線で表した中国の推移をご覧いただきたい。

２０１９年から２０２１年にかけてはコロナの影響で少し落ち込んでいるが、２０２２年になると回復し、猛烈な勢いで追い上げ、２０２３年にはついにアメリカを抜いた。

研究論文は何も「基礎研究」だけがテーマではなく、「応用研究」も対象の一つになり得るわけだから、中国新産業の生産に直結する論文も数多く含まれていることだろう。

日本人の中には、「なに言ってるんだ！　中国は人口が多いんだから、論文数も多いだけのことではないか！」と反論したい方もおられるかもしれないが、２０１５年のデータは、アメリカにはるか及ばず低空を飛行している。それでいて人口は現在と大差ない。

したがってその後の成長は、人口が多いことによるものではなく、あくまでも習近平のハイテク国家戦略によるものと見ていいだろう。

二、文科省の科学技術指標２０２４でも中国がトップ

文科省の管轄下にある科学技術・学術政策研究所（ＮＩＳＴＥＰ）は１９９１年から「科学技術指標」というものを発表するようになった。実に素晴らしいリポートだ。どのデータも考察するに値するが、ここでは２０２４年８月に公開された「科学技術指標２０２４」の中から、

いくつかの代表的なデータだけを選んで考察したいと思う。

図表6-5に示したのは、「科学技術指標2024」の中の「図表4-1-7」にある全分野での「主要国の論文数」と「トップ10％補正論文数」と「トップ1％補正論文数」のシェアである。「科学技術指標2024」にある図を、そのまま転載させていただいた。

図表6-5のグラフの下の「注」に書かれている内容は、かなり専門的なので、興味のある方はじっくりお目通しいただくとして、ここでは簡単にひとことだけ説明を加える。「補正論文」とは、大雑把に言えば「他の論文で引用された回数の多い論文」のことを指す。すなわち論文の数だけだと、その「論文の質」がどれだけ高いかがわからないが、「他の論文で引用された数」＝「補正論文数」を見ると、その論文の価値が高いか否かがわかる。研究者はいつも、自分の論文が「どれだけ引用されたか」を気にするものだ。引用されると嬉しく、書いた価値があったと思うものである。

図表6-5から明らかなように、1980年代から2000年くらいまでは、アメリカが圧倒的に世界一だった。ところが旧ソ連を崩壊に追いやった1992年（崩壊は1991年12月）後からは、アメリカは一気に下降を始め、対中制裁が強化され始めた2017年あたりから、中国は「論文数シェア」「トップ10％補正論文数シェア」および「トップ1％補正論文数シェア」すべてにおいて急激に追いつき、2019年時点でついにアメリカを抜いて世界第一位に上り

図表6-5　論文数の世界上位国の推移

全分野での論文数シェア
（3 年移動平均%）（整数カウント）

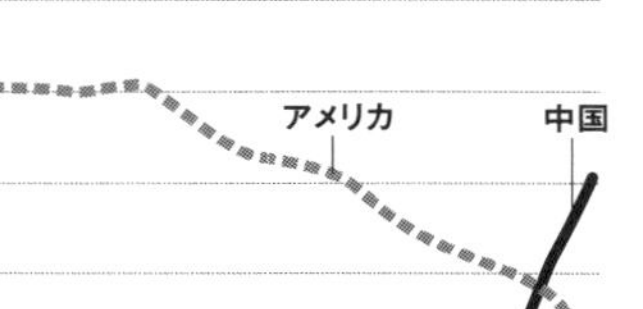

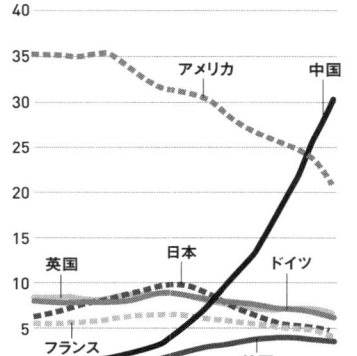

全分野での Top10% 補正論文数シェア
（3 年移動平均%）（整数カウント）

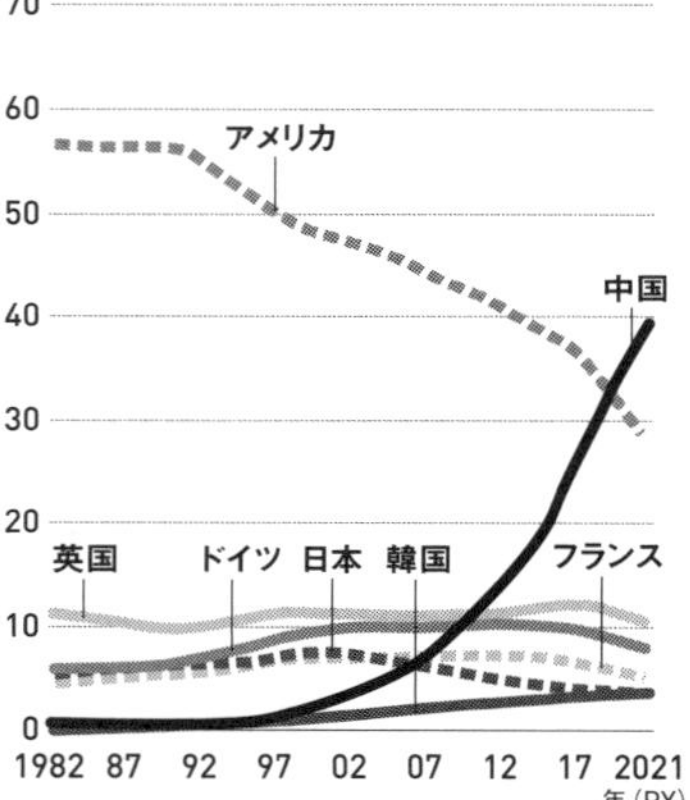

全分野での Top1% 補正論文数シェア
（3 年移動平均%）（整数カウント）

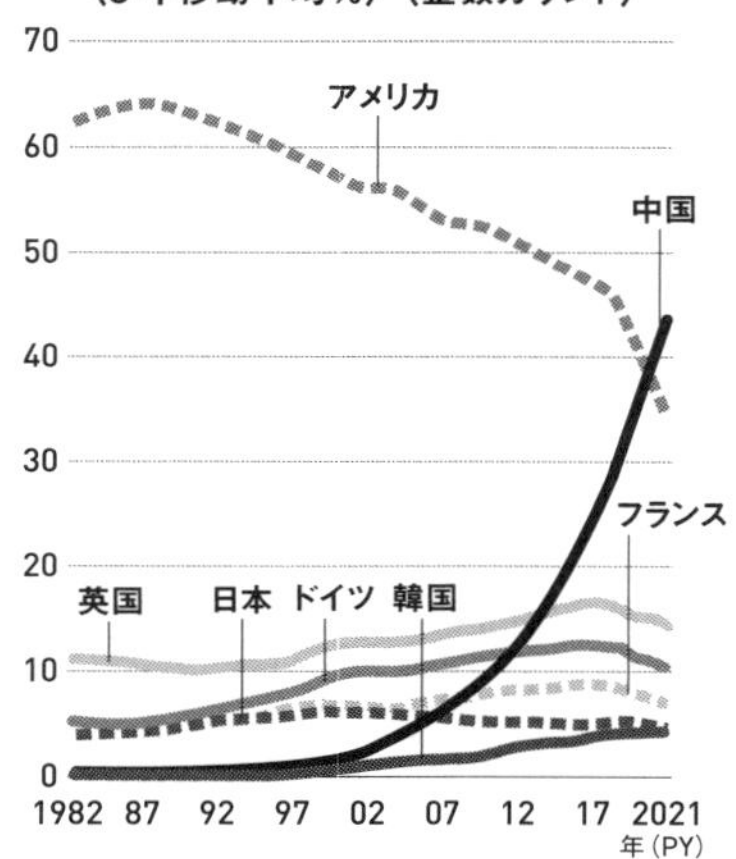

注：分析対象は、Article, Reviewである。年の集計は出版年（Publication year, PY）を用いた。全分野での論文数シェアの3年移動平均（2021年であればPY2020、PY2021、PY2022年の平均値）。整数カウント法である。被引用数は、2023年末の値を用いている。Top10%（及びTop1%）補正論文数は22分野ごとに抽出しているため、分野分類できない論文は除外して算出している。

資料：クラリベイト社 Web of Science XML（SCIE, 2023年末バージョン）を基に、科学技術・学術政策研究所が集計。

出典：科学技術指標2024

詰めている。

第七章で後述するように、制裁によって成長を抑え込まれた半導体のような分野もあるが、それでもなお「制裁を受けたがゆえに急上昇している最もハイレベルの研究開発」という側面を持ちながら中国は飛行している。

気になるのは日本だ。

日本の国立大学は2004年に法人化された。そのときに競争的資金や教員の業績による任期制などが導入されたものの、逆に、まさにその辺りから論文数が減り、論文の引用度（補正論文数）も減っている。

すなわち論文数だけでなく、論文の質も低下傾向にあるのだ。

この原因分析に関しては膨大な紙面を必要とするが、その一部だけ本章後半で述べる。

とりあえず、つぎに特許件数を見てみよう。

図表6-6に示すのは特許件数の「単国出願数」と「パテントファミリー数」で、「単国出願」というのは「1カ国のみへの特許出願」を意味し、「パテントファミリー」というのは、「一つの国だけでなく、いくつもの国（2カ国以上）の特許庁に出願している束」を指す。これは「科学技術指標2024」にある「図表4-2-6」の一部を使わせていただいた。

中国は単国出願数が多く、アメリカは単国出願が少ないためか、アメリカのシェアは非常に

図表6-6 特許件数の世界上位国の推移

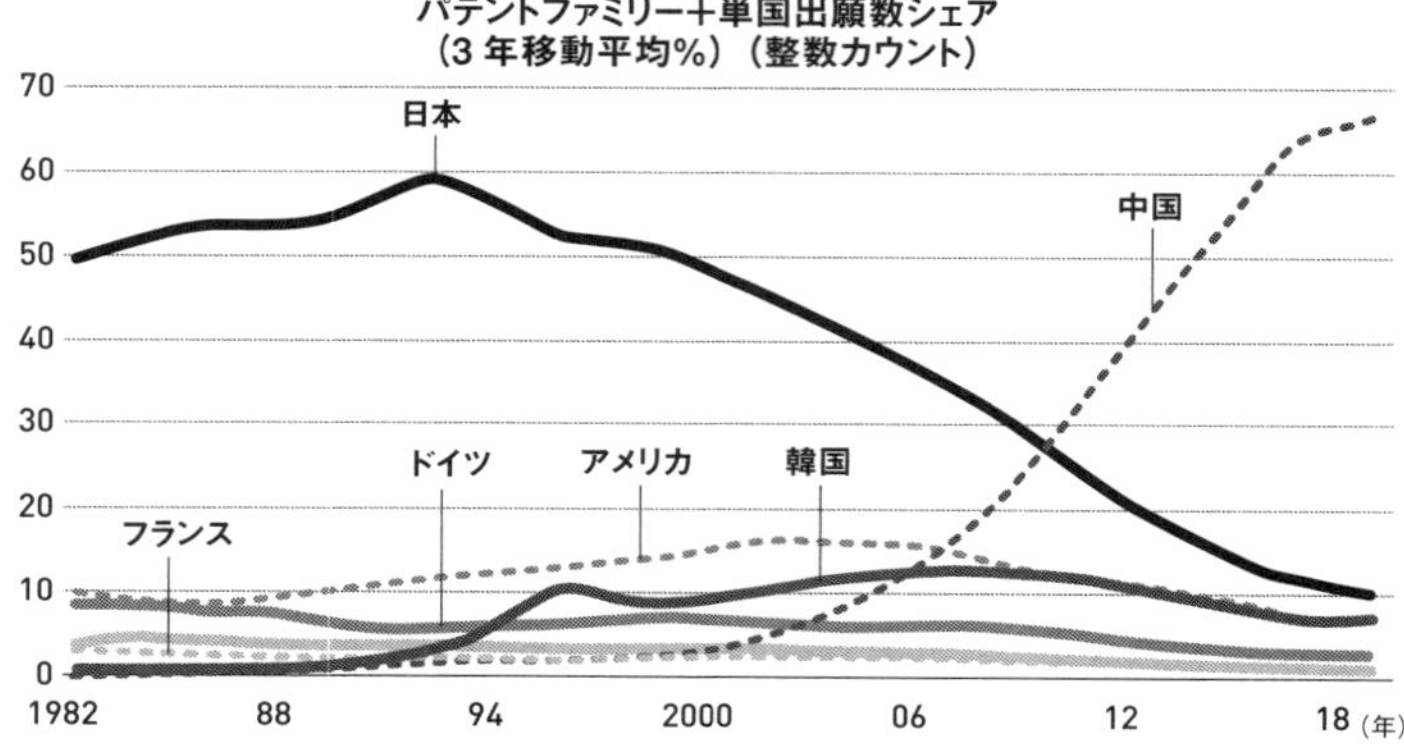

注：全技術分野でのパテントファミリー数シェアの3年移動平均（2018年であれば2017、2018、2019年の平均値）、パテントファミリーの分析方法については、テクニカルノートを参照。
資料：欧州特許庁のPATSAT（2023年秋バージョン）を基に、科学技術・学術政策研究所が集計。
出典：科学技術指標2024

低く、中国が習近平政権に入った辺りから急激に伸びている。日本はもともと多かったのだが、国立大学が法人化されたあたりから急激に減少している。そして中国のGDPが日本を抜く2010年辺りになると、中国に抜かれてしまって、そのギャップは広がるばかりだ。とはいえ中国の場合は、圧倒的に自国での特許申請が多い（その理由は本章の三に書いた通り、中国の大学で教授をしている昔の教え子との会話から明らかになった）。

統計データは2018年までしかないので、おそらくその6年後の2024年では、本書で記述してきたここ数年の「新産業」の劇的な成長から見て、特許件数も論文数もさらなる急増となっているだろうことが推測される。

「科学技術指標２０２４」の中の「図表4-1-10」に、主要国の分野別の論文数シェアと「トップ10％の補正論文数シェア」を示した図表があるのだが、その中から日米中だけを抜き出して図表6-7として示す。

ただし「科学技術指標２０２４」の「図表4-1-10」にある図表は、本書の図表6-7にある通り、「軸目盛」が異なる。中国の絶対数があまりに大きいので、同一画面で比較できないからだろう。そこで絶対量も含めて、分野別でどのように違うのかを視覚的に見えるようにするために、「軸」を同一にした図表を別途作成してみた。それが図表6-8である。

図表6-8をご覧になると、日本は「見えないほどに少ない」ことが歴然としてくる。中国がアメリカを凌いでいることも、はっきりと見て取れる。

図表6-7に基づいて分野別の考察をすると、中国は「化学、材料科学、物理学、計算機・数学、工学、環境・地球科学」において強く、「臨床医学」に弱いことがわかる。

強い分野は、いずれも「新産業」に貢献している分野なので、中国が「新産業」において突出していることがうなずける。

特に「材料科学」における突出ぶりは、車体だろうと船舶だろうと、あるいは宇宙衛星だろうと、すべてに共通して不可欠となるので注目すべきだろう。「化学」に強いのも、「新エネル

図表6-7 分野別の「論文数シェア」&「トップ10%補正論文シェア」の日米中比較

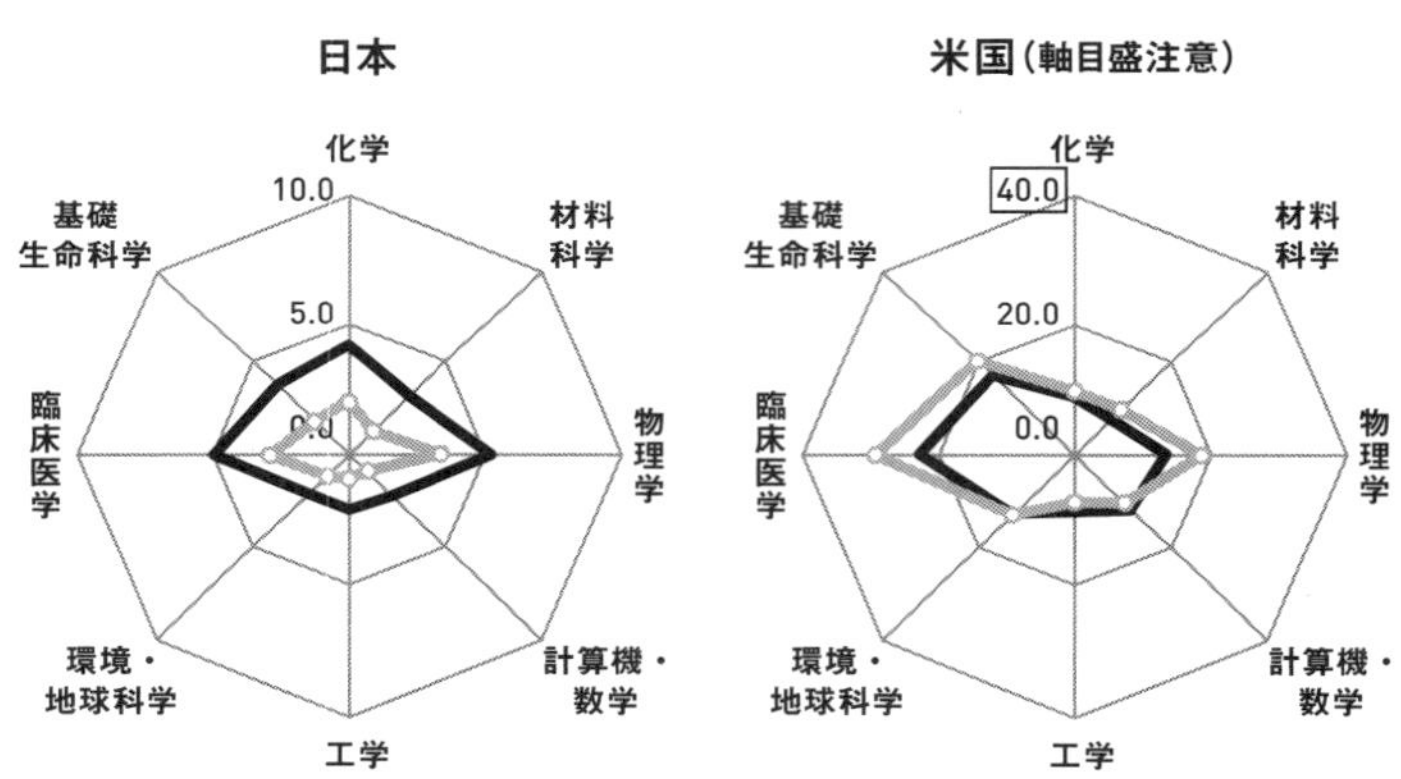

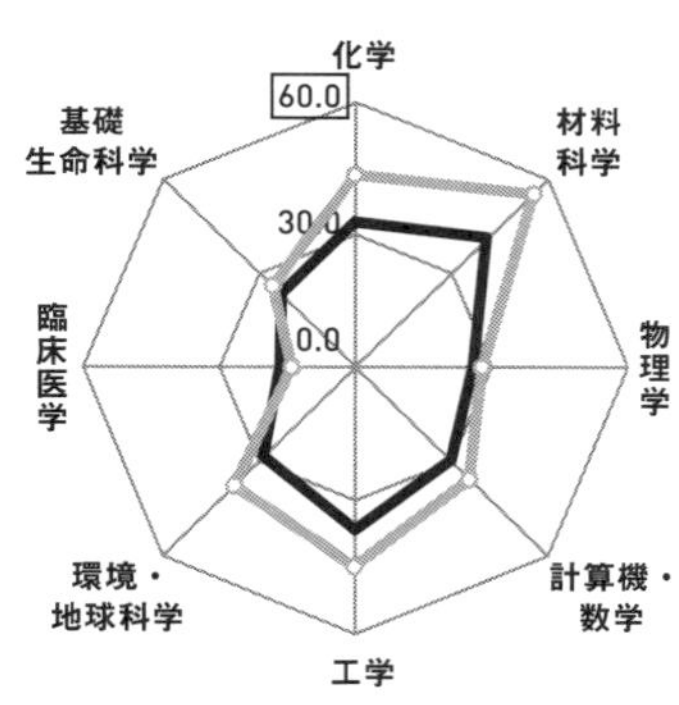

論文世界シェア　Top10% 補正論文世界シェア

科学技術指標2024の「図表4-1-10」から日米中のみを抜き出して筆者作成

図表6-8 軸を同一にした場合の分野別「論文シェア」&「トップ10%補正論文シェア」

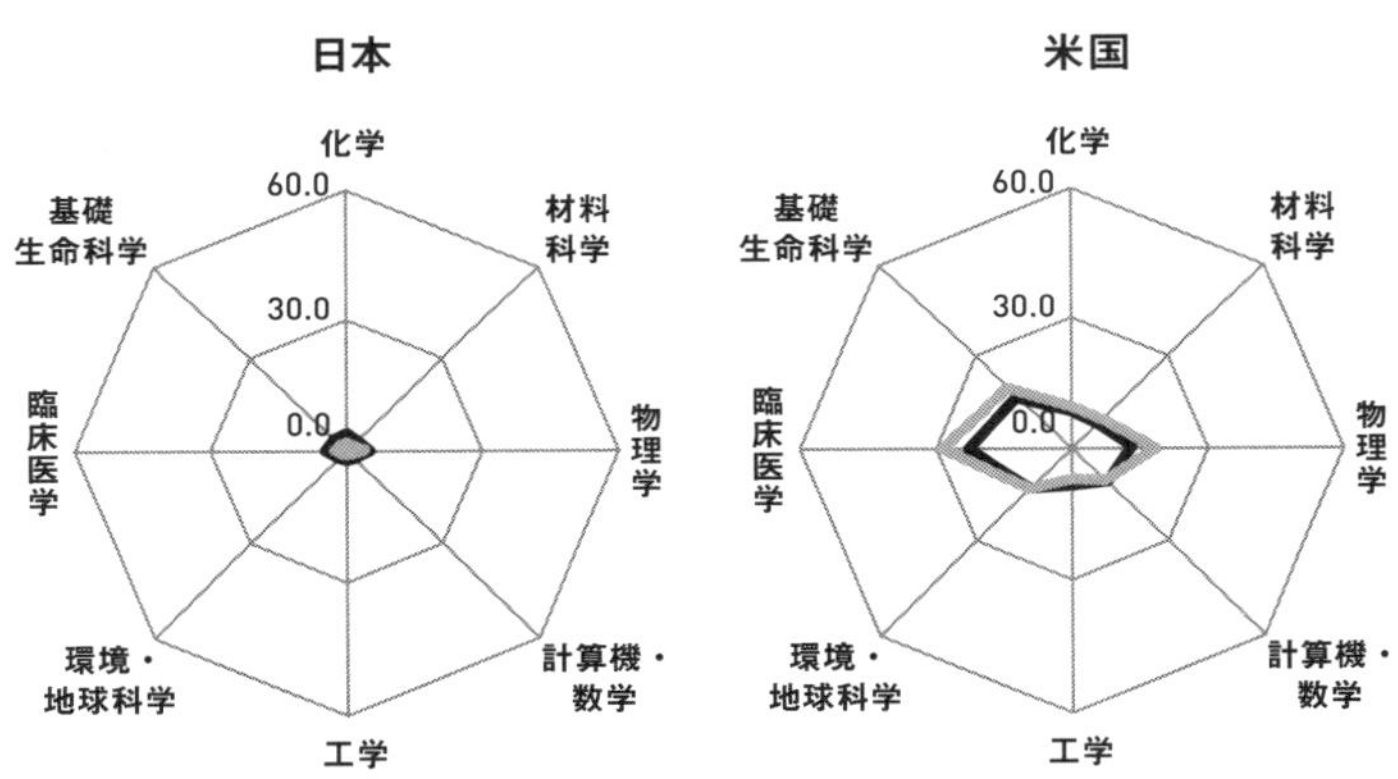

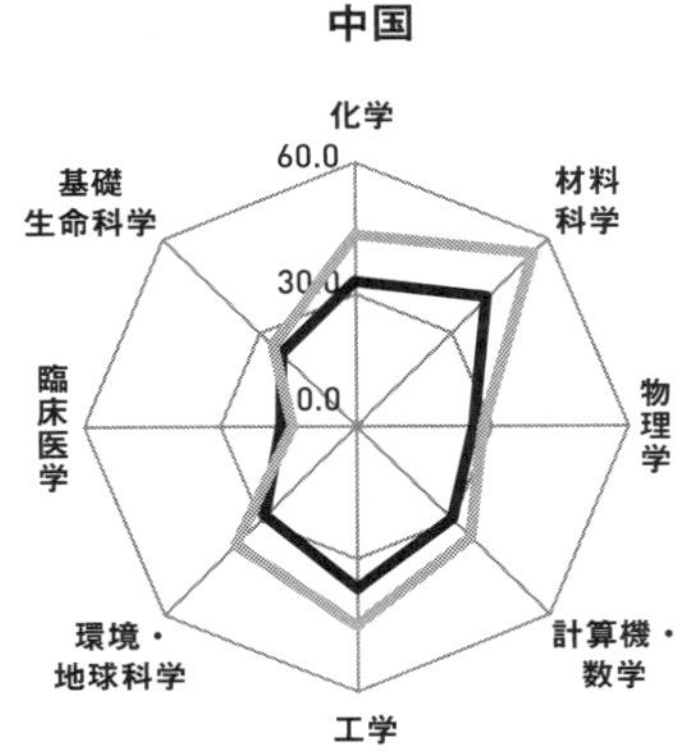

論文世界シェア　Top10% 補正論文世界シェア

「科学技術指標2024」を基に軸を同一化させて筆者作成

ギー産業」を考えたときにも逃がせない分野だ。

実はここにこそ中国のEVとEV用電池の強さの原因がある。第三章で触れたノースボルト破産の原因に関して、CATL（寧徳時代）の創設者・曾毓群（そいくぐん）は、「電池業界にとって化学物質は重要だが、欧州では金融や半導体に行く若者が多く、材料科学や電気化学は軽視されている。中国は材料科学と電気化学の教育を重視している。欧州は教育改革から始めないとならない」と述べている。その証拠が図表6-7と図表6-8に如実に表れていると言うべきだろう。

三、中国の論文数や特許数が多い理由
——中国に帰国して大学教授になった教え子を取材

それにしても、なぜ中国はこんなに論文数も特許申請数も多いのだろうか？

これに関しては2000年頃に中国に帰国して中国の大学の教授になった筑波大学時代の教え子を取材した。すると日本では想像できないような、とてつもなくリアリティに富んだ現場の話を聞かせてくれたので、それをご紹介することとする。

以下、筆者と教え子の間で交わされた会話を、そのまま話し言葉でQ&Aの形で記そう。Qは筆者、Aは教え子である。

Q　実は今、中国の論文数や特許申請数などが、なぜこんなに多いのかに関して書こうとしているんだけど、あなたは大学の教授としてどう思うか、教えてくれない？

A　あ、いいですよ、喜んで。それはなぜかと言うとですね、まず何よりも大きいのは、大学院生が増えたことだと思います。

Q　えっ？　大学院生が増えたことが関係するの？

A　はい、そうです。何といっても日本で言う、いわゆる「科研費」のような研究補助金が大型になったんですね。種類も多いし。それで科研費を獲得しても、その研究を完成させるには、とても一人ではできなくて研究室にいる質の高い大学院生が大勢必要になるんですよ。

Q　彼らに研究を手伝ってもらうの？

A　はい、そうです。彼らに手分けして課題を出して、それぞれが論文を書く形で手伝ってくれるので院生も喜ぶし、こちらも助かるという感じになります。

Q　なるほどねぇ！　やはり外部資金を科研費のような形で獲得すると、それだけ業績が上がるわけだから大学における教員のポジションも強くなるしね？

A　もちろんそうです。それだけではないんです。実は、これが一番大きいかもしれませんが、大学の教員や研究所の研究員は、誰でも特許を申請していいし、特許権を持ったら、それを企業に売ってもいいという仕組みがあるんですよ。

Q えっ？　そうなの？　商売をしてもいいってこと？

A はい、そうです。もちろん大学に所属しているからこそ研究ができて、研究ができるからこそ特許申請できるような発明や発見が生まれるわけですから、企業に売る場合は大学が企業と契約を結ぶわけです。当然のことながら、教員本人にも、それなりの報酬が来るわけです。

Q まあ！　すごいじゃない！　それって、たとえば何パーセントくらいの割合で契約金の報酬をもらえるの？

A いやー、それはマチマチですね。ケースバイケースで、その契約の内容によっても違ってきますが、当然、努力をした教員に大きなメリットがあり、給料が上がったりボーナスをもらったり、どんどんリッチになっていく教員もいます。

Q これはすごい！　となると、研究や特許への動機づけにもなっていくわね！

A そうですね。実際この間、うちの大学でも1000万元（2億円）の契約が企業との間に成されたばかりなんですよ。

Q えー、1000万元――！　規模が違うわねぇ！　良い論文を書けば書くほど、お金が入ってくるということになるってわけね？

A ええ、だからみんな頑張りますよ、そりゃ。ですから、「大勢の大学院生、大型の科研費、質の高い論文を書いて特許を申請する、取得した特許使用権を企業に売る」という、大きなサイクルの中で中国の論文と特許が動いていると言えるかもしれません。

Q なるほど。だから中国の場合、特許に関して「単国出願」が多いけど、中国国内だけで十分にニーズがあるってことね？

A そうなります。何も他国に出願して、他国の特許を取る必要はなく、中国国内で十分にニーズがありますので、むしろアメリカに妨害されたりしないようにするためにも、自国に特許出願を出す方が多いですね。

Q まあ！　次から次へと疑問が解決していくじゃない？　となると論文も数だけではなく、「質」というか、高いレベルが要求されることになるわよね。

A そうなんです。ですから最近では論文の数だけでなく、「どれくらい実社会に役立ったか」とか「どれくらい特許が取れて、どれくらい企業がその使用権を買ったか」という、論文の質に関する別の指標が検討されるようになっています。

Q それはすごい話だわね！　実は日本では、文科省系列に「科学技術・学術政策研究所」というのがあって、そこが毎年「科学技術指標」というのを発表しているのね。そのリポートは実に素晴らしいんだけど、「論文の質」を測るパラメータとして「補正論文数」というのを設定していて、「どれくらい引用されたか」を計算しているんだけど、それとはかなり発想が異なるわね。

A そうですね……。引用された回数というのは、昔から言われている質の測り方で、そんなのでは強い動機づけにはならないですよね……。まあ、日本人らしくて慎ましやかで悪くはないと思いますが、中国は基本、商売人といいますか、まあビジネスが好きですからね。

Q そうねぇ……。昔、改革開放が始まって間もないころ、道端に石が転がっていても、それを商売のキッカケにするって笑い話があったじゃない？

A 懐かしいですね、そんな話をして一緒に笑ったことがありましたよね。でも基本的には変わらないですよ。ただ新産業に移ってきただけで、どこにビジネスチャンスを見つけるかという「根性」はおんなじなんですね。中国では最近、「発明特許産業化率」という言葉が流行っていて、どれくらい「産業化されたか」で評価されるんです。

Q 「発明特許産業化率」？　それはまた凄いパラメータじゃない？

A はい。これは教育研究機関だけでなく、中小企業とかにもあてはめられて、教育研究と企業が一体化している感じです。

Q そうなのね。実はさっき言った「科学技術指標」にね、分野別の主要国の論文数の世界シェアとかが書いてあるんだけど、中国の場合、「化学」とか「材料科学」とかが突出していて、「あ、これだ！」って思ったんだけど。

Ａ　その通りですよ、先生。化学では新しい効率の高い電池などを研究する教員たちは、もう企業がバンバン特許使用権を買ってくれるから、教員も儲かるし大学も儲かる。企業だって自分の会社に巨大な実験室を置かなくても、大学とか研究所が研究開発してくれれば、その研究室が取得した特許を使う方が効率がいいですから、むしろ企業のほうから経費を出して研究を依頼してくるケースだってありますし。

Ｑ　なるほどねぇ！　昔、あなたがまだ筑波大学にいた頃、私が北京大学や清華大学の学長に会ったり中関村を取材したりしたときは、よく「産学研連携」という言葉を使ったじゃない？あんな可愛らしい段階ではなく、産学連携が次のステップに入っているということになるわね。

Ａ　はい、そうかもしれません。

Ｑ　今日は素晴らしい収穫だったなぁ。ありがとう！

Ａ　いえ、こちらこそ！　久しぶりに先生とお話しできただけでなく、お役に立てたのなら、こんなに嬉しいことはありません。

こうして長い電話を切った。

このリアリティは、ずっしりと重い。

この視点から見ると、本章冒頭に掲載した図表６-１のランキング９位にある浙江大学の成長率が23・1%と際立って高いのは、浙江省には自動車産業があるので、そのエリアでの地元産業のニーズが高いからかもしれない。事実、ネイチャー指標を詳細に読むと、浙江大学の場合、化学や物理のエリアが秀でているというデータが出ている。

ならば中国では基礎研究に重きが置かれていないのかというと、そうではない。たとえば日本の某国立大学で基礎研究に従事していた某教授は、日本の国立大学が法人化されてからというもの、競争的資金獲得に難航し短期的業績を収めた者でないと任期に制限を設けられ、解雇されるという条件があったため、閑古鳥が鳴く研究室を追われるように中国の大学に移った。移転先の中国では基礎研究を重視し、重点的に国家予算が注がれていたので、その教授は生き返ったように研究に勤しんでいる。

中国の法人化は1990年代初期に行なわれ、誰もが餓(かつ)えたように研究開発をビジネス化する形で大学や研究所で仕事をしてきた。一方では習近平が2015年に発布したハイテク国家戦略では、基礎研究も同時に奨励されている。2024年に開催された三中全会でも基礎研究とともに、逆にブルーカラーの教育にも注力する戦略が盛り込まれている。基礎研究は現在進行中の新産業にはない新たなエリアの開拓を生む可能性を秘めているし、ブルーカラーは現在進行中の新産業を中心とする製造業を現場で担う「隊伍」になってくれるからだ。

四、日本の研究力はなぜ衰退したのか？

では、ここからは、なぜ日本は国立大学が法人化された後に日本の研究力が衰退していったのかに関して若干述べることとする。日本の国立大学が法人化された目的の一つは産学連携を強化することで、国際競争で企業に資する研究開発や人材育成を促進していくはずだった。しかしその制度だけはあっても、日本の法人化は失敗だったと言っても過言ではない。

まず国から大学に支給される運営交付金が激減し、競争的資金を自分で獲得するしかなくなったため、教員たちは科研費などの競争的資金を獲得するための申請書を書くことに多くの時間を取られた。競争的資金獲得数の多い教員は「大学にとって価値のある人」として高く評価されるが、獲得数の少ない教員は「大学にとって価値のない人」として解雇される任期制度が導入された。

この任期制度はその後いくらか改善されたものの、日本には中国とまったく異なる長年の歴史がもたらす事情が存在していた。

筆者自身も苦しんできたことだが、池田勇人元総理大臣（在任1960～64年）は理工系学部の学生を増やせと叫んでおきながら理工系大学の教員を増やしたわけではないので、その学生たちが大学院を出て研究職に就きたいと思ったころには就職先がなく、オーバードクター問題が大きな社会問題となった。オーバードクターとは、博士（ドクター）の学位を持っていても、研究職には就けない者のことだ。この頃はよくても塾の先生かタクシーの運転手になるのがせいぜいだった。民間企業に就職しないのは、まだ研究職への未練が捨てきれず、機会を待っていたからだ。企業のほうでも博士を採用する気持ちはなく、学部卒を採ってゼロから教え込むという状況にあった。

このような中、文部省（現在の文科省）は1991年に大学設置基準の大綱化を発布し、大学に対する（文部省による）規制は大幅に緩和されることとなった。それなのに結局は大学院重点化が進められ、さらなる博士を生産するに至った。

そこで90年代半ばに「ポスドク1万人計画」が動き始めて、増え過ぎた博士の救済策を講じた。「ポスドク」というのはPostdoctoral Researcher（博士後研究員）を省略した呼称 Postdocで、博士学位取得後に任期制の職に就いている研究者やそのポジション自体を指す言葉である。

この流れの中で2004年に国立大学が法人化され、国際競争で企業に資する研究開発や人材育成を行なうことになった。しかし、それが失敗した理由を見抜くのには、地球レベルの潮流を考察しなければならない。

ご存じのように1991年末にアメリカがソ連を崩壊させてグローバリゼーションを唱え始

めていた。そのグローバル経済が動き始めたときに、日本はバブル崩壊に入っていた。

したがって大学が日本企業に有能な人材を送りこもうとしたときには、日本企業はグローバル経済の波に乗って、中国へと飛び散っていったのである。それ以来、日本は一気に衰退する方向に走っていったと言っても過言ではない。

何と言っても1989年6月4日に起きた天安門事件に対して西側諸国が科した対中経済封鎖を日本が真っ先に解除して、世界中の企業が中国市場めがけて殺到する状況を作ったのは日本だ。日本自身が自国を衰退の方向に持って行ったと言っても過言ではないのである。

だから日本には中国と同じ法人化制度が大学にあっても、それが企業と結びついてイノベーションを刺激することもなければ、それ故に大学が活性化することもない状況へと雪崩れるように下降していったと言える。

有能な研究者は、目先の業績と外部資金申請にほとんどの時間を奪われ、任期制に圧迫されて萎縮している。

NISTEPの調査によれば理工系のポスドクも、たとえば2015年博士課程修了者に対する報告書（2018年）では、任期制ポジションに就いている者の割合は最高値で理学系87・9％、工学系70・0％というデータが出ている。この任期制ポジションを任期が切れるごとに解雇されて、他の大学や研究所に応募し、うまくいけば再就職できる。それでも就職先の要求による新たなテーマをゼロから始めなければならず、それをくり返すうちに疲弊摩耗して人生を投げ出す者もいる。ただし短期間でもポスドクにありつけた者はまだラッキーなほうだ。希望に満ちていた有能な若き研究者がポスドクの職にさえ就けず自ら命を絶っていった事例は、筆者の身辺でも少なくない。身を切られる思いだ。

こうして日本は愚かな為政者によって衰退の一途をたどっていくのだ。日本の研究力も生産力も衰退の一途をたどっているのが現状なのである。

第七章

アメリカの制裁が強化される中、なぜ中国の半導体は成長したのか

一、制裁が強化されても中国半導体輸出額が20・6兆円を突破

２０２４年12月5日、中国共産党の機関紙人民日報が「米国がチップ制裁を強化している間に、中国の半導体輸出は1兆元（20・6兆円）を突破」という発表をした。半導体に関して中国が一定程度の内部情報を公開するのは、最近では珍しいことだ。その冒頭には以下のように書いてある。

●12月2日、バイデン政権は中国向け半導体の新たな輸出管理措置を導入した。新たな措置には中国の半導体企業２００社が関係し、また高度なＡＩ半導体に焦点を当てた１３６の中国企業と四つの中国企業海外子会社が関係する最終計画も制裁対象になっている。

●しかし今年1月から10月までに、中国の半導体輸出は21・４％増の９３１１億７０００万元（19・2兆円）に達し、月平均輸出額は約９３０億元（１・９兆円）だった。過去３年間のデータから判断すると、毎年第４四半期は中国の半導体輸出の最盛期に当たる。この傾向によると、今年の11月までに、中国のチップ輸出は1兆元（20・6兆円）を超える。

●結果的に過去5年間のアメリカの対中制裁は、中国の半導体産業の継続的な発展と成長を妨げていないことが言える（以上、人民日報より）。

図表7-1　中国半導体輸出金額の推移(日本円に換算)

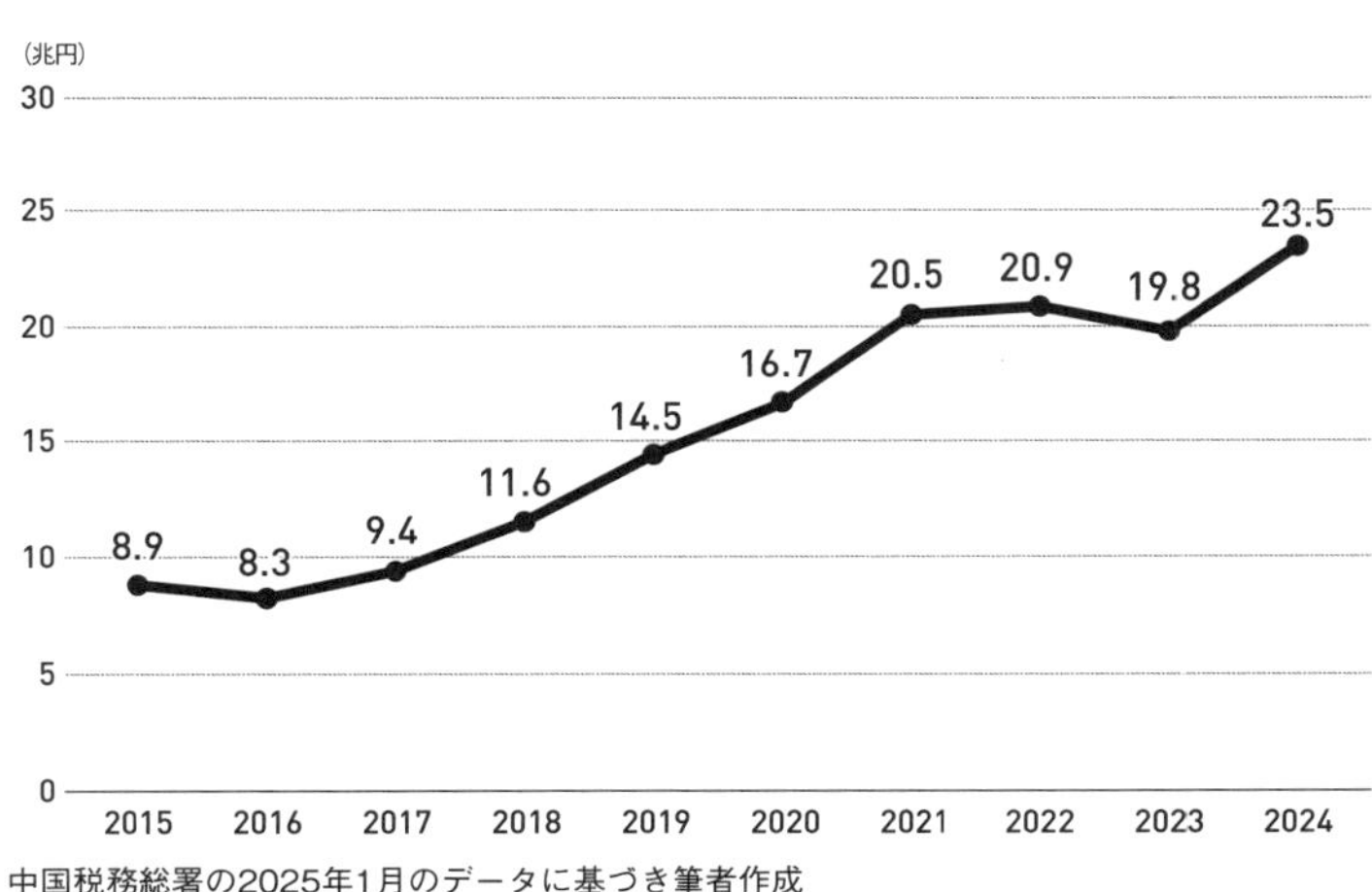

中国税務総署の2025年1月のデータに基づき筆者作成

これまで中国の半導体輸出額は、どのように推移してきたのか。習近平が発布したハイテク国家戦略「中国製造２０２５」が始まった２０１５年からのデータを、日本円に換算して図表７-１に示した。データの取り方は、中国税関総署の「海关统计数据查询平台（税関統計データ検索プラットフォーム）」から複雑な形で検索した結果、得たものである。予告通り、２０２４年は20・６兆円を超え、23・５兆円になっていた。

アメリカの対中制裁は第一次トランプ政権（トランプ１・０）だった２０１８年あたりから始まり２０１９年に激化していった。２０２１年からバイデン政権に移ったものの、同政権もまた対中制裁強化というトランプの政策を受け継いだので、制裁は一層激しくなっている。

アメリカでは一般に二大政党間での政権が変わると、それまでの政権が推進していた政策のほとんどを覆す傾向にあるが、バイデン政権は逆にトランプ1・0よりも「より厳しい対中制裁」を強行した。このことによってトランプ1・0との差別化を見せつけようとしたのだろう。

どの政権に代わっても、「アメリカを豊かにする」という方向よりは「アメリカが中国などに負けてはならない」ことが先に立ち、ともかく「どのようなことがあっても中国を潰そうという方向に動く」。しかし世界はアメリカのためにのみあるのではなく、アメリカが世界の法律だという風にもならない。

中国はアメリカに痛めつけられることによって、「虐められ方」の規則を学んだ。中国自身の力によって、そこから立ち直る方法を見つけている。

2024年11月22日、台湾のテクノロジー分野の動向追跡と分析を専門としている調査会社トレンド・フォースは、「中国はメモリーとチップ製造で発展を遂げ、韓国・台湾との差を縮めている」と報じている。その情報源は11月21日に韓国のパルス（Pulse）が報道した「中国は韓国・台湾とのチップのギャップを急激な勢いで縮めつつある」にあるようだ。情報源に関してはやや複雑だが、要するに**「中国の半導体メーカーが最先端半導体分野でも著しい進歩を遂**

げている」ことが書いてある。

特に中国大陸のＳＭＩＣ（エス・ミック）（中芯国際集積回路製造有限公司）と、ＮＡＮＤ（ナンド）型フラッシュメモリーに焦点を当てたＹＭＴＣ（長江メモリ社）、ファブレスのハイシリコン（HiSilicon）社、ＩｏTチップメーカーのＵＮＩＳＯＣ（紫光展鋭）社などの主要プレーヤーが先導しているとのこと。

半導体製造に関する基本的な流れを少しだけ復習すると、１９９０年代初頭までは自社で半導体の設計から生産までを一貫して行なえる設備を有している「垂直統合型デバイス・メーカー（ＩＤＭ）」が主流だった。しかしゲート長（集積回路の微細化の長さ）が２５０nm、１８０nm、１３０nm、90nm…と短くなるにつれ、装置のコストだけでなく、クリーンルームの清浄度の向上なども必要となってきた（「nm」は「ナノメーター」のことで、「ナノ」とは単位の10^{-9}倍、すなわち「十億分の一」を指す。半導体では「ナノメーター」を一般に「ナノ」と略記し、「nm」で表す）。

この「nm」レベルの半導体チップを製造するには莫大な投資をする必要がある。「nm」レベルが上がる（「nm」が小さくなる）ようになればなるほど、自社内では製造できなくなったために、「半導体の設計は行なうが生産ラインを持たないファブレスと呼ばれる企業」と、「ファウンドリと呼ばれる製造専門の企業」に分業する形態が主流となった。

現在、ファウンドリの最高峰は台湾のＴＳＭＣ（ティー・エス・エム・シー）だが、アメリカ

図表7-2　SMIC（中芯国際集積回路製造有限公司）（エス・ミック）

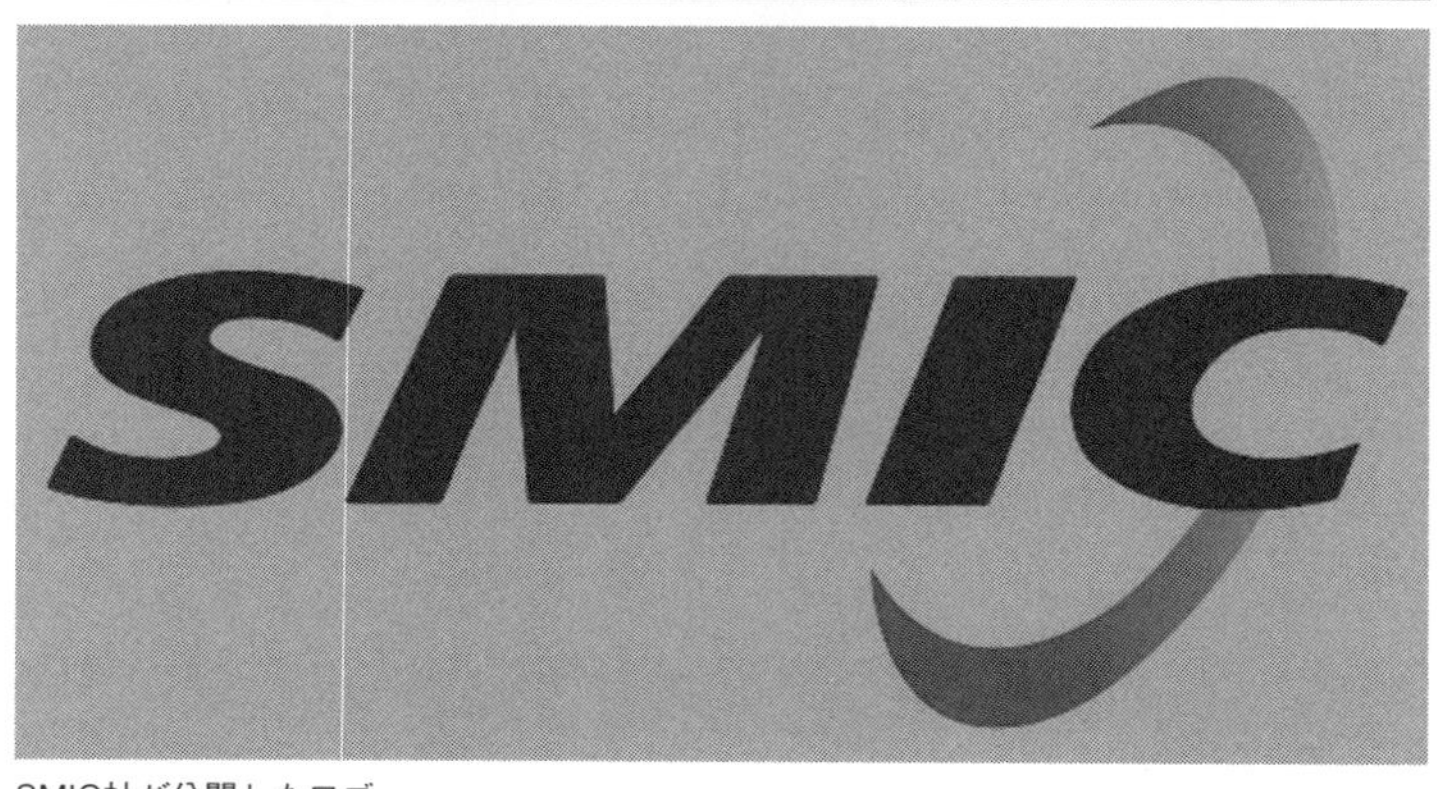

SMIC社が公開したロゴ

が台湾に対してTSMCのサービスを中国に提供してはならないという指令を次から次へと出していった。このため中国では自らファウンドリ企業を発展させていくしかなくなったのである。

その中の最たるものが大陸のSMICだ。

前掲の調査会社トレンド・フォースは、「SMICは2030年代半ばまでにTSMCに挑戦する態勢を整えることができるのではないか」＝「SMICはTSMCと対等になっていくのではないか」と、特に注目している。ウェーハの生産能力と売上高の堅調な成長により、SMICの2024年第3四半期の売上高は前年同期比34％増の21億7000万米ドル（3300億円）と過去最高を記録した。全体の利用率は90・4％に増加し、粗利益率は20・5％に増加したという。

アメリカの制裁により中国は、オランダの半導体製造装置メーカーであるＡＳＭＬから最先端のフォトリソグラフィ装置を取得することを禁止されている。フォトリソグラフィの英語表記は、「photolithography」で、写真の現像技術を応用したパターン作成技術のことを指す。「リソグラフィ」は石版印刷を意味し、感光性の物質（フォトレジスト）を塗布し、露光、現像してパターンを形成する技術だ。

トレンド・フォースのこれら一連の情報が２０２４年11月22日に出たのは、おそらく同年11月20日に中国の広東省深圳市でトレンド・フォースが「メモリー・トレンド・セミナー２０２５」を開催したからだろう。そのセミナーでトレンド・フォースは半導体の成熟プロセス（22㎚や32㎚など、16㎚より線幅の広いレガシー半導体）に関して、「２０２７年には、中国大陸が成熟プロセスの47％を、台湾が36％を占めるようになるだろう」と予測した。２０２３年では成熟プロセスに関して「中国大陸が31％で、台湾が45％」だった。それが逆転するだろうという報告をしている。

さらにパルス・レポートによると、実は**ＳＭＩＣには台湾のＴＳＭＣの主要な研究開発およびプロセス・エンジニアリング・スタッフが数多く採用されている**ので、中国大陸のＳＭＩＣは、ＴＳＭＣとほぼ対等に競争できる状況にまで到達しつつあるという。

そこには梁孟松（Liang Meng-song）という「巨大な存在」の男がいる。

二、中国半導体の救世主「梁孟松の物語」

梁孟松は今でこそＳＭＩＣのＣＥＯだが、その昔はＴＳＭＣに身を置いていた半導体業界のベテランだ。しかしＳＭＩＣは、決してチャイナ・マネーに物言わせて台湾のＴＳＭＣから彼を一本釣りしたわけではない。実は２００９年に梁孟松はＴＳＭＣから耐えがたい屈辱を受け辞職している。

「梁孟松の物語」を展開することによって、なぜ韓国のサムスンが一時的に急激に成長したかを含めて、米中半導体の争いの正体の一端も見えてくる。だから、ここでは少し梁孟松個人の物語に触れたい。

梁孟松は１９５２年に台湾で生まれ、国立成功大学で電気工学の学士号と修士号を取得したあと、カリフォルニア大学バークレー校で電子工程博士学位を取得し、ＩＥＥＥ（電気電子技術者協会）のフェローに選出されている。博士学位取得後はアメリカの半導体企業ＡＭＤ（エイ・エム・ディ）でメモリ関連の仕事をするのだが、その間に１８１の半導体技術の特許を取得し、３５０以上の論文を発表している。

1992年に台湾に戻り、TSMCに入社した。梁孟松の凄まじい努力と業績により、2003年にはTSMCはIBMを追い抜くことに成功した。その結果、TSMCは突如躍進し世界トップレベルのファウンドリになった。それなのに2006年になると、とんでもない人事が起きるに至る。

上司の蔣尚義（しょうしょうぎ）氏が退職することになり、その後任人事を梁孟松に知らせることなく進めたのだ。蔣尚義は1997年にTSMCに梁孟松の上司として研究開発（R&D）副総経理に就社したが、二人の技術レベルはほぼ対等で、蔣尚義のほうがやや上という状態だった。だから蔣尚義が定年退職になるのならば、その後任には梁孟松が就くはずだと周りも思っていたようだ。

ところが梁孟松にはまったく知らせずに後任人事が進み、彼は窓際に置かれてしまったのである。おまけに梁孟松が出張している間に、戻ってみたら自分のオフィスは無くなり、4人のエンジニアのオフィスに分けられていた。梁孟松は会社内の人に合わす顔がなく、社員食堂には8カ月間も行かなかったという。

人事的にどのような政治力学が働いていたのかを説明すると非常に複雑になる。結果だけを書くと、梁孟松は2009年に辞表を叩きつけ、まず台湾の国立清華大学の教授をやったのちに、韓国の成均館大学の教授として韓国に移った。その昔、アメリカのAMDで働いていたときに知り合い、アメリカで結婚していた妻が韓国人だったからだ。

サムスンからすぐに声がかかったが、離職後2年間は他の同業企業に就職してはならないという社内規定があったらしく、梁孟松は2011年になってようやくサムスンで仕事をすることになった。サムスンでは28nmから先に進めることができず困っていたのだが、梁孟松は短期間で14nmまで進めることに成功した。その衝撃は大きく、それまでTSMCの顧客だったアップルやクァルコムなどアメリカの大手半導体ファブレス企業がTSMCに見切りをつけ、サムスンに発注するようになり、サムスンは世界一のファウンドリに躍り出た。

TSMCの70%の損失は、そのままサムスンの利益となっていた。それを見たTSMCは激怒し、梁孟松を提訴。梁孟松がTSMCの技術をサムスンに渡した（営業機密を漏洩した）と訴えたのだ。たしかに就職したのは2011年だったが、成均館大学における梁孟松の講義の一部をサムスンの社員も受講していたことから有罪となってしまう。梁孟松はTSMCに賠償金を支払い、2015年にサムスンを辞めた。

すると1年後にはサムスンの技術は一気に衰退し、TSMCに追い抜かれたというのだから、いかに梁孟松の技術レベルが高かったかを証明していると言えよう。

TSMCは梁孟松を窓際に追いやって、外部から別の技術者を上司として入社させたわけだが、梁孟松をそこまでして排除したTSMCに落ち度があったはずなので梁孟松としては、さぞかし悔しかったにちがいない。

サムスンに抜かれたＴＳＭＣは梁孟松を「ＴＳＭＣの最大の裏切り者！」として徹底して激しい世論操作を行ない、彼の名誉を著しく傷つけている。中には「台湾史上最大の裏切り者！」という中傷もあり、よく耐えたものだと思う。一般的には、ここで心が折れてしまうか、折れなかったとすれば、尋常ではない闘魂で闘う方向に向かう。梁孟松は後者を選んだようだ。

中国大陸のＳＭＩＣがこの状況を見逃すはずがない。ネットには梁孟松に対する中傷が満ちていたが、梁孟松がいたころのＴＳＭＣはインテルを抜いたし、梁孟松がいなくなったＴＳＭＣはサムスンに抜かれたのだ。そして梁孟松がいなくなったサムスンはすぐさまＴＳＭＣに抜かれてしまった。

ＳＭＩＣは直ちに梁孟松に声をかけ、盛んにＳＭＩＣに来てくれと頼んだ。しかしまたもや2年間という期間の制限があるため梁孟松は承諾しなかった。そしてサムスンを辞めてから2年後の２０１７年10月になって、ようやくＣＥＯとしてＳＭＩＣに入社し、技術を発揮することになったのである。

入社した当時、ＳＭＩＣの28㎚の半導体チップの良品率は3％に過ぎず、財政的にも厳しい状況にあった。ところが２０１９年に入る頃には良品率をいきなり95％にまで持っていったのだから凄い。同時に入社からわずか10カ月も経たずに、線幅も28㎚から14㎚まで持って行き、やがて12㎚、７㎚へと驚異的に狭めていったのである。

するとバイデン政権はすぐさまＳＭＩＣに目を付けた。ＳＭＩＣを制裁のためのエンティティ・リストに加え、２０２２年10月には半導体製造装置などを含む最先端半導体の輸出を規制する措置を発表した。２０２３年1月になると、「半導体製造装置」を製造している関係国にも呼び掛けて、半導体製造装置の対中輸出を禁止すべく動いたのである。その結果、バイデン政権はオランダや日本と協力して中国への半導体製造装置の禁輸に入ったのだった。なぜ日本とオランダかというと、中国が最も弱い半導体製造装置に関しては、アメリカ以外には日本とオランダが強いからだ。

特にオランダの半導体製造装置メーカーであるＡＳＭＬは「半導体露光装置」を製造する世界最大の会社で、世界中の主な半導体メーカーの80％以上が同社の顧客だ。中国もその中の一つで、中国はＡＳＭＬを頼りにしてきた。

しかしＡＳＭＬのＣＥＯピーター・ヴェニンク氏（当時）は２０２３年1月25日に、「どんなに禁輸しても入手できなくなれば、中国は自らの力で開発していくだろう。時間はかかるが最終的にはたどり着くはずだ。追い詰められれば追い詰められるほど、そのスピードは加速していくものだ」と言っている。これまで緊密に連携しながら中国の半導体産業の実力を知り尽くしているＡＳＭＬのＣＥＯが言っているので、説得力がある。

案の定、ＳＭＩＣの梁孟松は２０２４年初頭に、古いＤＵＶマシンで５㎚ノードの開発に成功した。DUVとは「深紫外線（deep ultra-violet）」のことで、200～300㎚程度の波長領域である。半導体製造装置の露光波長としてはKrF（波長248㎚）やArF（波長193㎚）エキシマレーザーあたりに相当する。したがって2000年に設立されたSMICが、台湾や韓国の最先端半導体技術に追いつくのは時間の問題だろうと言われている。

実は2024年5月24日に、中国政府が主導する「国家集成電路産業投資基金三期」が始動している。7兆円規模を投じる半導体ファンドだ。優先的な投資先としては、中国がアメリカから制裁されて最も困っている半導体製造装置エリアが考えられ、その候補として真っ先に挙がるのがSMICだろう。

SMICはメモリー分野でも活躍していて、ファーウェイがアメリカによる制裁で苦しんでいるのを見て、「友軍」として協力している。SMICとファーウェイは、アメリカの制裁を受けた者同士、あるいは苦渋を呑んだ者同士が助け合って中国半導体を前に進めている。

筆者自身はかつてアメリカのシリコンバレーで半導体企業を経営したり、大手半導体企業で働いていたりしていた中国人博士たちを取材して『中国がシリコンバレーとつながるとき』（2001年）という本を書いたことがある。実はSMICの梁孟松チームの中の何人かは、かつてシリコンバレーで取材したこともあった。そこで「アメリカを選ぶか、祖国中国を選ぶか」に関して苦しい葛藤をしていたのを知っているので、梁孟松に格別の興味を抱いた理由の一つはそこにもある。

三、ファーウェイのスマホＭａｔｅ70とＡＩ半導体

アメリカが対中半導体制裁を始めたのはトランプ１・０政権が、習近平が発布した「中国製造２０２５」の衝撃に気付いたからだ。これを習近平に実行されたらアメリカはハイテク分野において中国に負け、アメリカ経済も中国に負けるという恐るべき未来が待っている。その最悪シナリオを圧し潰すために対中制裁を始めた。

「安全保障上の理由から」というのは常套句にすぎず、日本の「日の丸半導体」を沈没させるときにもアメリカは日本に対して同じく「アメリカの安全保障を脅かす」という言葉を使った。２０２５年１月３日にバイデン前大統領が日鉄のＵＳスチール買収禁止令を出したときも、同様に「安全保障上の脅威がある」ことを理由に挙げた。

アメリカの対中制裁の最初のターゲットとなったのはファーウェイだ。スマホ関連の半導体開発を潰されたファーウェイは今、どのような形で立ち直ろうとしているのだろうか。

２０２４年11月26日にファーウェイは新しいスマホＭａｔｅ70シリーズを発表した。そのハイエンドモデルにはＫｉｒｉｎ９０２０を搭載している。Ｋｉｒｉｎ（キリン）は中国語で「麒

麟」と、日本と同じ漢字で表している。

これに関してEEタイムズ・チャイナは12月5日、「ファーウェイMate70RSを分解：Kirin9020チップが現れた」という見出しで、著名なブロガーがMate70RSを分解したことを報じている。結果として「ファーウェイMate70シリーズのMate70にはKirin9010チップが搭載されており、Mate70Pro／Pro+／RSにはKirin9020チップが搭載されていた」ことを明らかにしている。

それによれば、**Kirin9020はまだ「5nm-7nmのプロセス」でしかないと言われているのに、「TSMC4nm」相当、あるいはそれより強い性能を示している**とのことらしい。

なぜこのようなことが起きたのか？

それこそは、SMICの梁孟松が「友軍」としてファーウェイの創設者・任正非（にんせいひ）を助けたからだ。

2019年初頭、SMICの14nm成功報告の直後の5月、ファーウェイはアメリカによってエンティティ・リストに追加され、主要部品を米企業から輸入する道を完全に断たれた。TSMCとの連携も禁止するとアメリカは指令。

なぜアメリカに他国の経済発展・技術発展を禁止する権利があるのか。西側諸国（特に日本）はその「なぜ」を問わないままにアメリカの指示に従った。

正義感の強い最高レベルの技術者・梁孟松は、自分を陥れ、アメリカに盲従するTSMCに対抗するためにも、何としてもアメリカから虐められているファーウェイを助けようという気持ちになったのだという。こうしてファーウェイは「TSMC4㎚」に相当するチップをMate70シリーズに搭載することに成功したのである。

2024年11月21日、ロイター通信が「独占：ファーウェイは、米国の規制にもかかわらず、2025年初頭に最新のAIチップを大量生産することを目指している」と報じた。

中国はアメリカに狙われるのを避けるために、決して自ら新技術・新発展を事前には公開しない。中国ではせいぜいロイター通信を引用していくつかのウェイボーや掲示板で発信している程度だ。その一例が「ファーウェイは最新のAIチップアセンド（Ascend）910Cを2025年初めに量産する予定だ」という報道である。

ロイター通信の概略を示すと以下のようになる。

●ファーウェイは、米国の規制により十分なチップの製造に苦労しているにもかかわらず、2025年第1四半期に最先端のAI半導体「アセンド 910C」の大量生産を開始する予定であると、事情に詳しい2人の関係者が語った。

●「アセンド 910C」はアメリカのエヌビディア製のAI半導体GPU（Graphics Processing Unit、画像処理演算装置H100）に匹敵するものと言われている。一部のテクノロジー企業にすでに出荷しており、注文を受け付け始めたと、情報筋はロイターに語った。

●しかしアメリカ政府の制限により、ファーウェイの高度なＡＩ半導体の歩留まりが懸念されている。「アセンド　９１０Ｃ」は、中国のトップ・ファウンドリであるＳＭＩＣによって製造されているが、ＳＭＩＣには高度なリソグラフィ装置がないため、チップの歩留まりは約20％に制限されていると、情報筋は述べている。

●高度なチップが商業的に成り立つためには、70％以上の歩留まりが必要だが、ファーウェイの現在の最先端プロセッサであるＳＭＩＣ製の「９１０Ｂ」でさえ、歩留まりは約50％しかなく、ファーウェイは生産目標を削減し、ＡＩ半導体の注文を受けるのを控えなければならない状況にある。

●アメリカは２０２０年以降、世界で最も洗練されたプロセッサを製造するために使用されるオランダＡＳＭＬから「極端紫外線リソグラフィ（ＥＵＶ）技術」を中国が輸入することを禁止した。（ロイターからの引用は概ね以上）

前述したように、２０２３年にバイデン政権によって指令が出された制裁により、ＡＳＭＬは最先端のＤＵＶ（深紫外線リソグラフィ）装置の中国への出荷を停止させられた。このためＳＭＩＣは古いＤＵＶ装置を工夫して半導体製造装置を製造し、なんとか「５㎚～７㎚」プロセスの生産に漕ぎつけ、機能は「TSMC４nm」相当だったことを書いた。

２０２４年10月25日、BBC中文は「アメリカのテクノロジー企業テック・インサイトがファーウェイの最新AI半導体アセンド９１０Bを解体したところ、TSMCの７nmチップを使用していたことが発覚した」と報じ、それをアメリカの商務省に報告したそうだ。

TSMCもSMICもそのような事実はないと否定している。しかし実は間に台湾の無名の半導体メーカーが入って水面下で暗躍していたという「まことしやかな」噂までが流れて、ファーウェイの勢いをそごうとする動きも出ている。しかし、ファーウェイには梁孟松という「技術の巨人」が味方していることに誰も注目していない。テック・インサイトが告発した問題は疑問のまま残っている。

筆者がそれよりも気になっているのは、エヌビディアとの互換性だ。

９月２日のフィナンシャル・タイムズは、「バグだらけのファーウェイのソフトウェアが、AI分野でエヌビディアに取って代わろうとする中国の取り組みを妨げている」と報じ、そこにはエヌビディア製品との互換性の悪さなども指摘されている。

それはそうだろうと思う。もともとファーウェイの設計を担っているのはファーウェイに付属していた研究部局ハイシリコン（HiSilicon）だ。その後、独立した研究所になっているが、設計は今でも子会社としてのハイシリコン社に委ねている。このハイシリコン、実はクアルコム（Qualcomm）社の愛弟子だ。エヌビディアとの互換性が強いはずがない。

エヌビディアとの互換性を重んじるなら、ムーア・スレッド（Moore Threads）がダントツだろう。なぜなら創設者はエヌビディア中国エリアのCEOだったのだから。

四、AI半導体で急成長した「中国版エヌビディア」ムーア・スレッド

生成AIの出現によって世界のトップに躍り出たアメリカのエヌビディアのAI半導体GPUの右に出る者はいない。それでも中国のスタートアップ企業ムーア・スレッド（摩尔线程）が製造したAI半導体GPUが注目を集めている。エヌビディア前世代レベルではあるものの、ムーア・スレッドのAI半導体GPUはエヌビディアが開発したCUDA（Compute Unified Device Architecture、クーダ）対応のプログラムを簡単に変換するだけで使えるので、エヌビディアとの互換性に優れている。

本章の三で述べたように、2025年初めに量産すると言われている「ファーウェイのAI半導体アセンド910C」にはエヌビディアとの互換性が低いなどさまざまな懸念がある。このような中、「ムーア・スレッドのAI半導体GPU MTT S4000」が注目されている理由は、この互換性にある。それもそのはず。ムーア・スレッドの創設者・張建中（ちょうけんちゅう）氏は20

20年までエヌビディア中国エリアのCEOだったのだから。

今後、中国内ではAI半導体に関してファーウェイかムーア・スレッドかの競争になるかもしれないが、いずれにせよアメリカの対中制裁が激しくなるにつれて、中国のAI半導体の成長も勢いを増すものと考えられる。

エヌビディアの創設者・黄仁勳(こうじんくん)(ジェンスン・ファン、Jen-Hsun Huang)(以後、ファン)は1963年に台湾の台南市で生まれた台湾人だ。父親の希望で9歳のときに親元を離れて渡米し、兄とともに親戚の家で過ごした。その後両親も渡米したものの、少年期のファンは不良少年たちに虐められたりなどして、かなり過酷な日々を送っている。今ではアメリカ国籍を持っているが、中国では、この虐められた過去も含めて、同じ「中華民族」として親しみを込めてエヌビディアを位置付けている。

ファンは1993年にエヌビディアを設立し、やがて世界各地に支店を設けていった。中国には2004年7月上海に、2005年深圳に、そして2006年には北京にエヌビディア中国を設立していき、張建中がその代表を務めた。

2024年11月21日のOFweek電子工程網の報道〈半導体ユニコーンがIPO(新規株式公開)を開始　創設者はかつてエヌビディア黄仁勳(ファン)の「副手」〉によれば、張建中は南京理工大学コンピューター・サイエンス学部を卒業し、冶金部自動化研究所に入学して修士号を取得したあと、ヒューレットパッカードやデル中国支社のコンピュータ・システム部門のゼネラルマネージャーなどを歴任した。

２００５年５月、張建中はエヌビディア中国エリアのＣＥＯおよびグローバル副総裁に就任し、エヌビディアのＧＰＵに関して完全なエコシステムの開発に成功し、中国市場を世界で最も重要な市場の一つに創り上げることに成功した。２００８年の中国におけるエヌビディアのＧＰＵ市場シェアは50％未満だったが、張建中がエヌビディアを去る２０２０年には市場シェアは80％を超えていたという。そのため張建中は中国で**「エヌビディア創設者・ファンの右腕」**として知られるようになった（以上、ＯＦｗｅｅｋ電子工程網から一部引用）。

これらの記述から見ると張建中はエンジニアというより経営者で、経営者として「時代を見る目があった」と言えるのかもしれない。

「これからはＡＩの時代だ」と判断した張建中は、マイクロソフト、インテル、ＡＭＤ、Ａｒｍなど多くの半導体大手出身のエンジニアを引き連れて２０２０年10月にムーア・スレッドを創立した。

ムーア・スレッドを創立した背景には、実はもっと大きな国家の動きがある。

実はハイテク国家戦略「中国製造２０２５」を発布した２年後の２０１７年７月８日、中国の国務院は「新世代人工知能（ＡＩ）発展計画に関する通知」という国発〔２０１７〕35号通知を発布している。この通知ではＡＩ発展計画の「戦略目標」として、以下の三つの段階を定めている。

第一段階：２０２０年までにＡＩの全体的な技術と応用が世界の先進レベルと同期し、ＡＩ産業が新たな重要な経済成長ポイントになり、ＡＩ技術の応用が人々の生活を向上させる新しい方法となり、革新的な国のランクに入り、適度に繁栄した社会を全面的に構築するという目標を実現する。ＡＩ基幹産業規模が１５００億元（3・2兆円）を超え、ＡＩ関連産業規模が１兆元（21兆円）を超えて、世界をリードするＡＩのバックボーン企業を数多く育成する。

第二段階：２０２５年までにＡＩの基本理論に大きなブレークスルーが見られ、一部の技術と応用は世界をリードするレベルに達し、人工知能は中国の産業アップグレードと経済変革の主要な推進力となり、インテリジェント社会の構築に前向きな進歩を実現する。「独立した学習能力を持つＡＩ」がブレークスルーを起こし、多くの分野で主要な研究成果を達成させる。新世代ＡＩのコア産業規模は４０００億元（8・5兆円）を超え、関連産業の規模は5兆元（１０６兆円）を超える。

第三段階：２０３０年までにＡＩの理論、技術、応用で世界をリードするレベルに到達し、中国が世界の主要なＡＩイノベーションセンターになり、インテリジェント経済とインテリジェント社会で目覚ましい結果を達成し、革新的な国と経済大国の最前線の一つになるための重要な基盤を築く。ＡＩコア産業の規模は1兆元（21兆円）を超え、ＡＩ関連産業の規模は10兆元（210兆円）を超える。（以上）

このような国家計画が出されている中、一方では2018年からはアメリカによる中国のハイテク産業に対する制裁が激しさを増していった。そこで張建中は中国のＡＩ産業へのアメリカによる制裁が激化する前に、何としても「中国産のＡＩ半導体産業」を一刻も早く立ち上げていかなければならないと決意したとのことだ。それがギリギリ「戦略目標」の第一段階である2020年に実現したということになろうか。当然のことながら民営・国有を問わず、少なからぬベンチャー企業から国家目標に沿った投資を獲得している。

四の冒頭に書いた通り、ＧＰＵは画像処理を行なう装置だ。シンプルな演算ユニットを多数搭載しているため、ＣＰＵのような複雑な計算は苦手な代わりに、並列処理とベクトル計算が得意分野になっている。

ＧＰＵはエヌビディアのＣＵＤＡという技術開発によって、ＡＩの演算に最適であることが発見された。「ＡＩ半導体ＧＰＵ」は、従来のＧＰＵから不必要な画像処理のための機能を除去して、専らＡＩの演算が必要な機能のみを残す、ＡＩに特化したＧＰＵということになる。

ムーア・スレッドが「中国版エヌビディア」と言われる原因の一つは、通常の「ＰＣ用ＧＰ

ＵＭＴＴ Ｓ80を一般利用者向けに発売する」と同時に、「ＡＩ半導体ＧＰＵであるＭＴＴ Ｓ４０００も同時発売した唯一の中国企業」だからだ。

たとえば「ファーウェイのＡｓｃｅｎｄ ９１０Ｃ」は、最初からＡＩ演算のみという目的で設計されたもので、エヌビディアのように「ＧＰＵ」機能を主目的としていない。

エヌビディアの強みの一つは大量のＧＰＵ（1万台単位）を「ＮＶ Ｌｉｎｋ」でつなぐことにあるが、ムーア・スレッドも同様に「ＭＴ Ｌｉｎｋ」を開発し、同じ1万台のＧＰＵをつなぐことができると言われている。たとえばトレンド・フォースは２０２４年7月11日に「ムーア・スレッドはエヌビディアの『ＮＶ Ｌｉｎｋ』にチャレンジして『ＭＴ Ｌｉｎｋ』を展開している」と報道している。

また２０２４年11月6日の中関村オンラインは「ムーア・スレッドはＣＵＤＡコードを簡単に自社プラットフォームに移し替えることができるように、互換性を重視している」と分析している。

２０２４年11月15日のトレンド・フォースの情報〈エヌビディアの国内競争相手である中国のＡＩユニコーン、ムーア・スレッドがＩＰＯプロセスを開始〉によれば、現在、「エヌビディアのＡ１００」はアメリカの対中制裁により中国では入手できないが、**「ムーア・スレッドのＭＴＴ Ｓ４０００」の性能は「エヌビディア社のＡ１００」の60％のパフォーマンスを提**

供しているとのこと。「A100」は現在の「H100」の一つ前の世代の製品だ。すなわち、一世代前ではあるが、その60％の機能はカバーしているので、それが100％になれば、現在のエヌビディアの機能と同じになるということを意味する。

4年間でここまで来たことを考えると、次世代、すなわちエヌビディアの現在に追いつくまでに、それほど長い時間はかからないだろうと考えられる。

問題は、実はムーア・スレッドのAI半導体GPUは、その製造過程で「TSMC7㎚」を使用しているとのことだ。

2024年11月1日のテック・インサイトはストレートに〈ムーア・スレッドの春暁GPUはTSMC N7を用いている〉という趣旨の報道をしている。また11月9日の中国のネットにある〈中国大陸で7㎚の威力を超えるすべてのチップをブロックしているTSMCが注目の的に！〉では、「今後TSMCはアメリカの指令に従い、すべての7㎚以上の威力を持ったチップ（＝線幅7㎚以下のチップ）を中国大陸に提供しないことにした」ことが以下のような経緯説明を含めて書いてある。

――4年前、TSMCはトランプと協力してファーウェイを全面的に禁止した。しかし、今回矢面に立たされるのはファーウェイではなく、「地平線（ホリゾン）」、寒武纪（カンブリアン）、摩尔线程（ムーア・スレッド）、平头哥（平頭哥半導体）など多数のAIチップ企業だ。これらはすべてＴＳＭＣのファウンドリに依存している。以前は、ＴＳＭＣはファーウェイのみをブロックしたが、今はこれらすべてをブロックしようとしているのだ。しかし中国のチップ生産技術は、４年前よりも強力になっていることを忘れないほうがいい（概略一部引用は以上）。

こうなると、ますます期待されるのはＳＭＩＣ（中芯国際）だということになる。ムーア・スレッドも結局はＳＭＩＣに助けを求めることになるだろう。

中国半導体の命運を決めるのはＳＭＩＣだ。

正義を貫こうとした一人の男が世界の地政学的経済構造を変えていく。

一人の「不屈の男」が、という意味ではエヌビディアのファンにも通じるが、二人とも「中華民族」であることは興味深い。そして「中国版エヌビディア」にのし上がっていく張建中もまた「中華民族」だ。

日本のＡＩ界で、こういう傑出した人物が現れないのは、日本にはビッグ・テックがないからというのも原因の一つだ。しかし何よりもアメリカからの制裁がないので、「何が何でも」という「大和魂」を湧きあがらせなくても、アメリカに頼っていれば何とかなる。これが日本の経済力や研究力を**「だらしなく」**させていないだろうか？

２０２４年７月３日のロイター電〈生成ＡＩ特許出願、中国が最多　２位米国の６倍＝国連データ〉によると「２０１４〜２０２３年の中国の出願件数は3万８０００件超、米国は６２７６件だった。３位は韓国、４位は日本、５位はインド」とのこと。

そもそもＡＩ半導体を必要としているのはビッグ・データのサービスセンターを担うアメリカのＧＡＦＡや中国のＢＡＴ（百度、アリババ、テンセント）などのジャイアント・テックであって、日本はＧＡＦＡに頼っていればいいので、ガッツ精神を発揮してビッグ・テックを育てる必要もない。

したがって世界のＡＩ半導体は米中の間での競争になるだろう。

それはクリーンエネルギーの米中の競争力にも依存するので、制裁だけで中国を潰すのは困難ではないだろうか？

ＡＩ生成には膨大な電力が必要だ。もし環境問題を重視するならクリーンエネルギーが求められる。その意味では中国は太陽光パネルなど、圧倒的な新エネルギー大国なのだ。どんなにトランプ2・0で化石燃料を復活させたとしても、**「アメリカが制裁と関税によって中国を潰す」**という願いは、そう簡単には実現できないだろうと電力量からも考えられる。

エネルギー研究所（Energy Institute）の世界エネルギーの２０２４年統計レビュー（Statistical Review of World Energy 2024）によると、２０２３年における**「中国の発電量は９４５６・４TWh（テラ・ワット・アワー）」**で、**「アメリカの発電量は４４９４・０TWh」**となっている。TWhとは

10億KWh（キロ・ワット・アワー）の発電電力量のことである。中国はアメリカの2倍以上だ。トランプ２・０で化石燃料を使用するようになっても、このギャップを埋めるのは厳しい。

「ＡＩチャットボット：２０２３年に最も人気のあるチャットボットの、これまでのエネルギー使用量」によれば、ＧＰＴ３（Generative Pre-trained Transformer3。２０２０年に発表された自己回帰型の言語モデルで、ディープラーニングにより人間のようなテキストを生成する機能）を訓練するには、１００００台Ｖ１００ＧＰＵで訓練して一台２５０Ｗ（ワット）消耗するとのこと。26日間訓練してみたところ少なくとも１２４８MWh（メガ・ワット・アワー）の電力を消費することがわかったという。実際の電源効率とか、ほかの部品の電力消費もあるので、さらに多くの電力がかかるものと推測される。

ＧＰＴ４を訓練するには、同じスペックのサーバーで訓練すると、少なくとも１５０日はかかるので、少なくとも７２００MWhの電力を消費することになる。さらに高性能の大規模言語モデルを訓練するときには、さらに多くの電力を消費することになるのは言を俟たない。

加えて国際エネルギー機関（ＩＥＡ）のElectricity２０２４は〈ＡＩによる検索は、Googleの通常検索より10倍の電力を消費する〉としている。また２０２４年10月16日のニューヨーク・タイムズは「グーグル、アマゾン、マイクロソフトが原発に投資している」と報道した。

米中日の発電量は前掲のエネルギー研究所の世界エネルギーの２０２４年統計レビューのデ

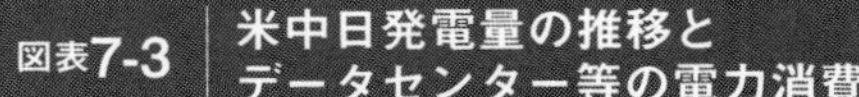

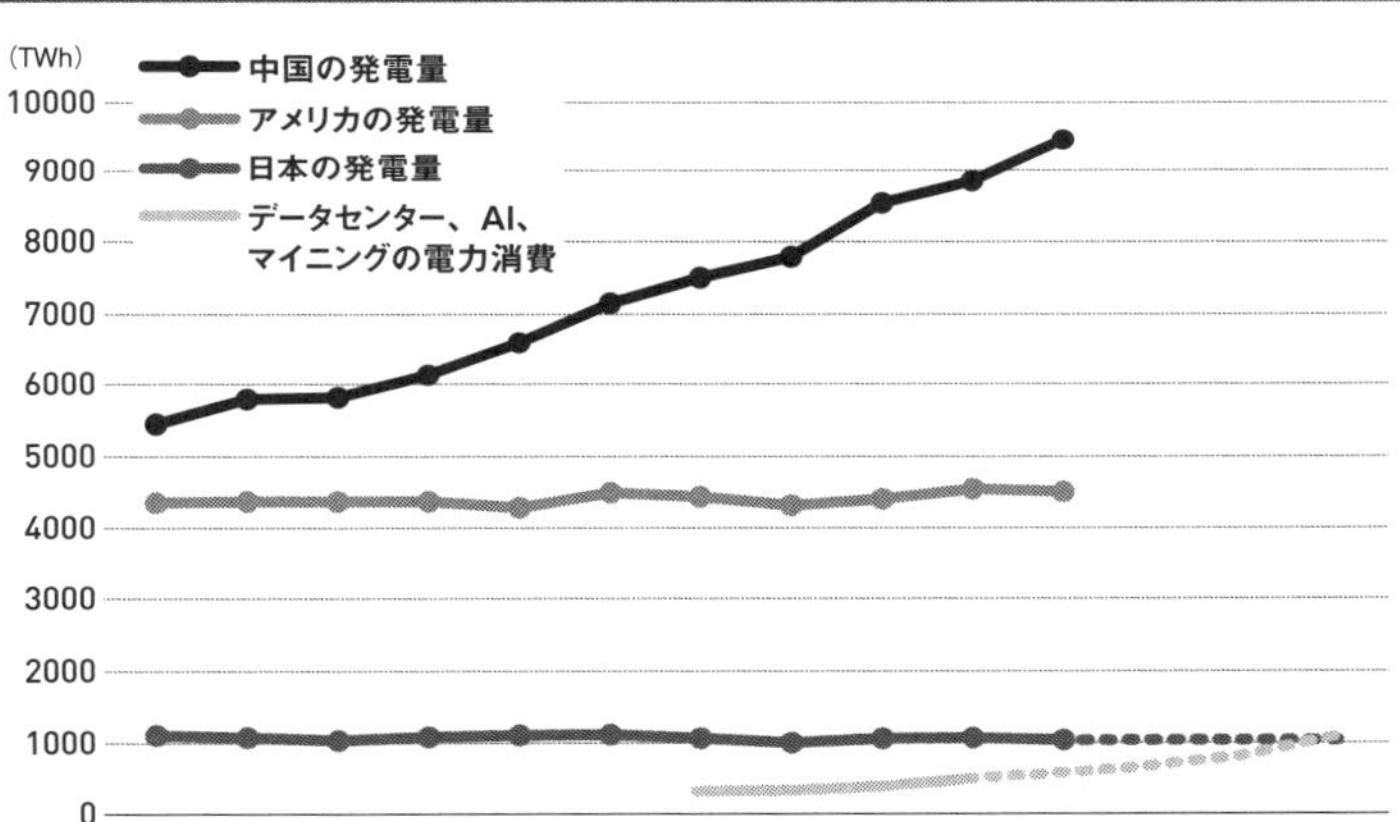

国際エネルギー機関やエネルギー研究所などのデータを基に筆者作成

ータから得ることができるので、筆者独自の視点から集めたデータを整理し、「米中日発電量の推移とデータセンター等の電力消費」をプロットしてみると、図表7-3のようになった。

図表7-3から以下のことが読み取れる。

●中国の電力消費は、世界一の製造業により増加の一途をたどっている。

●アメリカの電力消費の減少は、経済が金融業に集中し製造業が衰退した結果が招いたものである。電力源製造に従事するエンジニア不足にさえ陥っている。それは本書序章の図表1と図表2に描いた通りだ。

●図表7-3の日本の2025年以降の電力消費に関しては筆者が破線で推測して

プロットしたものだ。それは国際エネルギー機関のリポートとエネルギー研究所リポートのデータから「2026年時点でAIなどが消費する電力が日本国全体の電力消耗を上回る」ことが明確になっているため、視覚的に見えるように便宜上1年分だけ破線で延長した。

以上から、アメリカがどんなに必死になって中国半導体に全方位的な制裁を強化したとしても中国の半導体は潰されず、特にAI界において、いずれ中国がアメリカに勝つであろう展望が見えてくる。制裁を強化すればするほど中国が強くなっていくという未来像から、日本人も目を背けないほうがいいのではないだろうか。

五、半導体微細化「ムーアの法則」破綻の先を狙う中国

半導体の微細化に関して「半導体の性能が18カ月で2倍になる」という経験則「ムーアの法則」は実際上、かなり前から破綻していると主張する人が多い中、人々は「3㎚、2㎚…」と競い合っている。ならば、「3㎚、2㎚…」の実態は何かと言えば、それは商品番号にすぎないという。実際TSMCでも、たとえば「TSMC3㎚」チップとは言わずにTSMC「N3」

と、「こっそりと商品番号に置き換えている」と主張する専門家もいる。その意味では製造者側は、実は良心的に「ムーアの法則」の破綻を認識していると言っていいのかもしれない。

多くの研究者は、物理学的に**「３㎚」**あたりから事実上、それ以上の微細化はできないとする「ムーアの法則」限界理論を10年以上前から展開している。しかしビジネス界はわかっていながらも互いに騙し騙され、「３㎚、２㎚…」を唱えてきた。投資家に気付かれるのを避けるためだろうか。

もっとも一次元的限界は認めているものの、それでも二次元（面積）あるいは三次元的（立体的）に積み重ねて集積度を高めようと努力している現状も、一方ではある。そういった人たちは「ムーアの法則」の破綻は認めていないと言えるのかもしれない。

現在は、すでに「ムーアの論理」は破綻していると見る専門家は多く、中国もその中の一例だ。中国は三次元的工夫で逃げることも含めてすでに無理があると見ている。

「ムーアの法則」が破綻すれば、どの関連企業も実際にそれ以上先へは進めないので、「どん詰まり」のところで足踏みをすることになるだろう。アメリカが全方位的に中国の半導体技術を潰そうとしても、西側が限界領域で足踏みしている間に中国もその限界領域にまで達し、その頃にはＡＩを含めた新産業において中国は一気にアメリカを追い抜くという「心づもり」で動いている。つまり中国は**「微細化こそが王様」**という概念から抜け出したＡＩ開発と新産業が要求するレベルの発展を睨んでいるということになろうか。

その証拠とも言えるものを、次節「六」でお示しする。

「ムーアの法則」に関してはご存じの方が多いとは思うが、念のために「ムーアの法則」とは何かをゼロから振り返ってみたい。

１９６５年、のちに（１９６８年に）アンディ・グローブ氏とともにインテル社を創業したゴードン・ムーア氏が大規模な集積回路（Integrated Circuit＝ＩＣ、以後ＩＣ）の製造・生産に関して、ＩＣ当たりの部品数あるいは性能が毎年2倍になると予測した。しかも、その成長率があと10年は続くとした。10年後の１９７５年になると次の10年を見据えて「2年ごとに2倍になる」に修正し、さらに「１・５年（18カ月）ごとに2倍」になるとも予測して、それが維持されたことから「ムーアの法則」と呼ばれるようになった。

しかしＩＣの微細化が進むにつれ、半導体チップの性能も驚異的に高まってはいった。それにつれて「ムーアの法則」の破綻に関して数多くの論考が発表されるようになったのである。

身近なところで言うならば、たとえば早くも２０１４年5月21日にはＩＴメディアから〈ムーアの法則の終焉――コンピュータに残された進化の道は?〉という論考が発表されるなど、数多くの同類の考察がなされている。それらから総合的に判断すると、どうやら物理学的に見て約**「3㎚」**が限界値であるらしい。それ以上線幅を小さくすると、量子力学におけるトンネル効果が出現してきて、トンネル電流が流れてしまい、発熱して不安定状態になり破壊するリスクが激増するという。

量子力学的視点から少しだけ説明させていただくなら、たとえば電子を粒子と考えたときに、それを隔てる絶縁物であるはずの「壁」（エネルギー・ポテンシャル障壁）があまりに薄いと（相対的にエネルギーレベルがあまりに低いと）、「壁」は絶縁物ではなくなり、電子は量子効果としての「波動」になって壁を通り抜け「トンネル電流（電子流）」を惹起してしまう。

これを量子力学的に計算すると**トンネル長は約「3nm」が限界**であるという結果が出てくるようだ。したがって「3nm」以下の微細化は、物理学的に「安定的状態では」作れないはずだという論理になる。

これを「ムーアの法則」の破綻と称する。

現に、〈半導体、3nm、2nmという数字のウソ〉というYahoo!エキスパートの、非常に簡潔な日本語情報もあるので、ご一読なさると納得感が深まるかもしれない。

本章の冒頭に挙げた2024年12月5日の人民日報の報道〈米国がチップ制裁を強化している間に、中国の半導体輸出は1兆元（20・6兆円）を突破〉には、専門家の意見として以下のような中国の思惑が書いてある。

●2017年、特に2019年以降、アメリカは中国の先端チップに対する制裁をくり返し強化してきたが、2023年10月以降、その対象にある変化が見られるようになった。それはハイテク産業の中でもAIに集中し始めたということだ。

●このシフトは、アメリカも実は「ムーアの法則」の破綻を意識し始めていることを示唆する。

●最近の半導体チップ製造は2㎚、または1㎚未満のプロセスに入ったとみなされているが、実はチップの素子サイズはすでに物理的限界に達している。この微細化によるチップ業界のアップグレードが終点の近辺で立ち止まっている間に、中国は進歩を遂げ、終点に追いつくことになる。その間、中国は成長する。

●アメリカがどんなに中国を潰そうとしても、中国はサプライチェーンを自国内で形成することに成功しつつあるので、アメリカは中国の成長に手出しできない状況に追い込まれつつある。

●微細化の王国を築いた「ムーアの法則」はAI半導体の分野にはそのままでは適用できず、AIエリアには「アーキテクチャ、接続帯域幅、アルゴリズムの最適化…」などさまざまな新たなパラメータを取り入れた未来予測が必要となってくる（概ね以上）。

つまり中国は「ムーアの法則」破綻を認識し、その先を睨んでいることになる。

アメリカの半導体工業会は、「2024年版米国半導体産業白書」を発表した。アメリカの半導体における圧倒的優位は変わらないものの、2023年の自動車市場における半導体の需要は15％増加したのに対し、スマホなどの通信機器市場は1・8％減少し、パソコン市場は7・1％減少している。すなわち現在、半導体市場の成長の勢いは、自動車および工業セクターに傾いていることを意味している。

自動車用チップや工業用チップは携帯性に対する要件がはるかに小さく、高度なプロセスに関しては現在5㎚から7㎚に焦点を当てているのに対し、スマホ、パソコンなどの業界は、それよりはるかに難しい3㎚以下のプロセスに焦点を当てている。後者が「ムーアの法則」破綻の危機にある中、前者における中国の発展は著しく、アメリカは中国に大きな後れを取っている。これは本書の第一章から第六章まで詳述した通りで、半導体の成熟したプロセスに関しては、中国の得意とするところだ。これは前述したように2024年11月20日に中国の深圳で開催された台湾のトレンド・フォースのセミナーでも発表された2027年の予測値（中国大陸47％、台湾36％）が示す通りだ。

したがって「アメリカは、中国半導体の直線的な発展を体系的に抑制することはできない」と人民日報は結論付け、「中国はラスト・マイルに向けて取り組み続けることができる」としている（それが次節で述べる「ディープシークの衝撃」なのである）。

アメリカの戦略コミュニティは、「中国のチップ企業が抑圧の中で成長し、米国企業は競争力を失っている」という現象に注目している。

中国はEVなど製造業が強いことから、AI効果に関する実体経済における膨大な実験を実行することが可能なので、AIの実用化という面で優れている。また生成AIには莫大な電気量を必要とすることから、本章の図表7-3に示した通り、AI開発では電気量において将来的には中国に優位性があると言える。

その証拠に2024年11月19日、グーグルのエリック・シュミット元CEOが、「中国のほうがAIの開発が進んでいる」という主旨の観点を発信している。同氏はハーバード政治研究所のフォーラムで、「より強力なAI開発競争でアメリカは中国に後れをとっている」と述べたとのこと。2023年10月のフォーラムでは「アメリカがAI開発で中国をリードしている」と述べたばかりなのに、前言を翻(ひるがえ)しているのだ。

2024年の講演の中でシュミット氏は、「アメリカのような優秀なエンジニア、強力なチップ、大規模なデータソースへのアクセスに加えて、中国はAIモデルのトレーニングに必要な電力をより多く持つことでも恩恵を受けている」と述べている。これは本章の四で筆者が行なった独自分析が正しかったことを裏付けてくれていて、ホッとしている。

ただ、日本としてはホッとしているわけにはいかないだろう。何といっても突如現れた、中国発のオープンソース大規模言語の生成ＡＩモデルが、世界にＡＩ革命を引き起こそうとしているのだから。

六、中国発ＡＩ革命「ディープシーク」の衝撃！

２０２５年1月27日、エヌビディアの株が17％下落するなど、ナスダック総合株価指数が急落した。中国のＡＩ企業ディープシーク（DeepSeek）がリリースした破格的に安価なオープンソース大規模言語モデル生成ＡＩであるディープシークＲ１（以後、Ｒ１）が、これまで世界最強とされてきたオープンＡＩ-オーワン（OpenAI-o1、以後、ｏ１）に相当する性能を示しているというニュースが世界に衝撃を与えたからだ。おまけにアメリカのアプリストアで、オープンＡＩのチャットＧＰＴを超えてＲ１が首位に立つ事態となった。

このまま株の下落が続けば世界はパニックになるところだったが、トランプの一言によって暴落は翌日には止まった。

トランプは同日、「中国が、より高速な方法と非常に安価な方法による生成ＡＩを考え出したのはいいことだ。なぜならアメリカは、それほど多くのお金を費やす必要がなくなるじゃないか。中国のＡＩがアメリカのＩＴ企業の資産として機能する可能性がある」と表明したのである。するとアメリカのＡＩ関連企業がつぎつぎと信用を取りもどし、株の暴落が止まったというわけだ。負けを認めながらも、さっさと儲かる術へと頭を切り替えるのだから、さすがビジネスマンだっただけのことはある。トランプのこの思考の柔軟性には驚いた。

それにしてもトランプを唸らせたディープシークとは何なのか？

まずは衝撃波が起きた「ことの始まり」を見てみよう。

実は２０２５年1月20日、中国の李強（首相）が北京で、各界の専門家の代表者を集めた座談会を開催した。３月に開催する全人代（全国人民代表大会）における「政府活動報告（草案）」に関する意見と提案を聞くためだ。

その座談会に出席したメンバーの中に**梁文鋒**（リャンウェンフォン）という人物がいる。**この人物こそがディープシークの創設者だ**。どのような顔をしているのかを図表7-4に示した。まるで学生のような若さと素朴さだと、中国のネットでは非常に好意的に受けとめられている。どうやら梁文鋒は李強に呼ばれたので、慌ててその日（1月20日）にＲ１をリリースしたようだと言われている。

その情報をいち早く報道したのはイギリスの学術雑誌のあのネイチャーのウェブサイトである。1月23日、ネイチャーは「中国の安価でオープンなＡＩモデルが科学者をワクワクさせている」という見出しで、Ｒ１に関して大きく報じた。それによれば、ディープシークのＲ１モ

図表7-4　李強に呼ばれて座談会に出席している梁文鋒

CCTVの画像に筆者が説明文を加筆

デルは現時点では世界最強とされているオープンＡＩのｏ１モデルに相当する性能を示しているにもかかわらず、研究者や開発者がプログラム経由で利用する費用は、なんとｏ１モデルの30分の１でしかない」とのこと（一般のネットユーザーがブラウザやアプリで利用する場合は無料）。おまけに「ＡＩ関連の半導体に関してアメリカが中国に対して厳しく制限している中、Ｒ１の作成に成功したのは驚くべきことだ」と、ネイチャーは高く評価した。

ディープシークがＲ１モデル開発にかけた金額はわずか５６０万ドル（約８億６５００万円）と言われており、アメリカの大手ＡＩ企業の場合は数十億ドル、中には数百億ドルほど投入している場合がある。それらと同等レベルのものを、中国企業がわずかその「90分の１」あるいは「900分の1」の費用でつくり出したことは、アメリカＡＩ企業の価値あるいは優位性は何だったのかという問題につながっていく。このような方法が可能ならば、なにも高価なエヌビディアのＧＰＵを大量に購入する必要はないのではないかという疑問が湧いたために、冒頭に書いた株価の暴落が起きたわけだ。

ただし、560万ドルはＲ1よりも1カ月前にリリースされたディープシークのＶ3モデルの1回の正式訓練のコストで、アルゴリズムの開発、訓練データの用意、試行訓練、研究者の給料などは含まれていない。1月31日になると、アメリカの半導体調査会社がＲ1の開発費用は少なくとも5億ドル（約780億円）に上るとの分析結果を発表したようだ。が、これは後述するように、あくまでもアメリカによる対中制裁を見越して、今後のために予め購入しておいたエヌビディアのＡＩ用ＧＰＵなどの費用であって、Ｒ1開発費用とは無関係だ。

ところでネイチャーが情報発信したのが1月23日だから、きっとトランプはまだディープシークの事実を認識していなかったのだろう。1月21日（日本時間1月22日）にトランプはソフトバンクの孫正義会長やオープンＡＩのサム・アルトマンＣＥＯ、オラクルのラリー・エリソン会長と記者会見を行ない、ＡＩ開発の新会社スターゲートに最大5000億ドル（約78兆円）を共同出資すると発表していた。このプロジェクトがアメリカのＡＩ分野でのリーダーシップを強化すると、高らかに宣言したのである。

だというのに、わずか560万ドルという桁違いの資金投入でオープンAIのチャットGPT相当のモデルを作成したというのだから、トランプの顔は実は丸潰れなのだ。AIには巨額の資金がかかるのでアメリカの優位性は揺るがないという「神話」が崩壊したことになる。おまけにディープシークはオープンソースだが、「オープンAI」は「オープン」ではないので「クローズAI」と呼ばれる始末だ。

そんなことを実現してしまった梁文鋒のプロフィールと会社創立の背景をご紹介しよう。

梁文鋒は1985年、広東省湛江市で生まれ、浙江大学の学部と修士課程でAIを学び、**「AIは必ず世界を変える」**という強い確信を抱くに至った。2008年頃のことだ。この当時はまだ、こういった意識は必ずしも世界のコンセンサスを得ていたわけではない。

卒業後、大企業でプログラマーとして働くことはせず、成都の安い賃貸アパートに身を潜め、焦燥感に苛まれながらも、さまざまなシナリオに挑戦していた。

興味深いのは、最初の数年間、深圳の村で「空飛ぶ乗り物」を作っていた、同じようにクレイジーな「友人」に誘われたことだ。その後、この「友人」はDJIという数千億ドルの価値を持つ会社を設立した。この「友人」こそが本書の第四章で描いたドローン製造の王者・汪滔である。中国のあちこちに、こういった「クレイジーな夢を持つ破格の若者」が潜んでいることこそが、まだ知られていない中国の「強さ」でもあり「怖さ」でもある。

２０１５年、梁文鋒は大学時代のクラスメートとヘッジファンド「幻方量化」を設立し、コンピュータ・トレーディングにディープラーニングＡＩ技法を適用して、２０１７年にはクオンツ投資の分野で革新的なパイオニアとなった。幻方量化の運用資産は設立からわずか6年で１０００億元（２・1兆円）に達し、「定量化の四大王」の一人として知られるようになった。

こうして２０２３年7月に梁文鋒は汎用人工知能を目指してディープシークを設立したのである。

一方、アメリカのＡＩ半導体に関する対中輸出規制により、エヌビディアはＧＰＵに関して中国向けにＨ１００を販売できなくなったので、その代わりに性能を制限した劣化バージョンであるＨ８００を中国向けに販売してきた。Ｈ８００では特にカード間通信速度を制限し、高度な訓練ができないようにしてある。

しかしディープシークはこの制限を突破して、２０４８枚のＨ８００を使ってＲ１より一つ前のＶ３を訓練したと、２０２４年12月27日に発表した論文の中で説明している。訓練に数万枚のＨ１００を要するアメリカの大規模言語モデルと比べて、比較にならないロースペックになる。

非常に専門的な言葉になるので、ここで詳細に説明することは困難だが、ディープシークは、効率的な推論とコスト効率の高いトレーニングを実現するために、Multi-head Latent

Attention（ＭＬＡ）とDeepSeek Mixture-of-Experts（ＭｏＥ）という、独自のアーキテクチャを採用している。ＭＬＡというのは「複数の注意（アテンション）機構を活用することにより、モデルが異なる情報に焦点を当てながら学習し、より高度なパターン認識を実現する技術」だ。ＭｏＥとは「モデル内で複数の専門家ネットワークを組み合わせ、タスクごとに最適なネットワークを選択しながら処理すること」である。

もう一つ肝心なのはＭＩＴライセンスでの公開により誰でも使えて自由にモデルを検証し、改良することができるというオープン性だ。ＭＩＴライセンスというのは「オープンソース・ソフトウェアを開発・配布する際に用いられる代表的なオープンソース・ライセンスの一つで、利用許諾のための条件などを定めているもの」である。

梁文鋒は「直面している問題はお金ではなく、ハイエンドチップのアメリカによる規制だ」と表明し、ＡＩに関する米中間のギャップは、中国がどうやってアメリカに追いつくかではなく、「真のギャップはオリジナリティか模倣かの違いだ」と主張している。「これが変わらない限り、中国は常にアメリカにキャッチアップをするという立場になるので、別の思考パターンを追究しなければならない」と強調した。

こうして思いついたのがＭＬＡやＭｏＥなどの開発手法だった。

これはアメリカによりＨ１００の規制を受けているのでＨ８００で何とか中国自身の開発方

法を見つけようとあがいた結果だ。本章の四で論じたムーア・スレッドのGPUがあるではないかと思われる方もおられるかもしれないが、ムーア・スレッドが近づいているのはエヌビディアのAシリーズA100で、これは7nmの半導体である。ディープシークが使用しているH800は、エヌビディアのHシリーズ4nmのGPU半導体だ。ムーア・スレッドが4nmのGPU半導体を製造できるようになるまでには、本章の二で論じたSMICが4nmの半導体製造技術に達しなければならない。

アメリカはH100の劣化バージョンH800の対中輸出さえ2023年10月から輸出禁止にした。ディープシークは初期からA100を1万枚保有していることは確実なようだが、H800に関しては相当数（1万枚？）購入していたのではないかという推測があるだけだ。

2023年11月にエヌビディアが中国向け輸出にさらに性能劣化したH20を発表している。トランプ2・0は今、このH20を制限するか否かを検討しているようだ。

しかし2023年に創立したディープシークが2025年1月に世界に衝撃を与えAI革命を起こしている。したがって2、3年もすれば、習近平が望む通り（序章に書いたように）2029年までには（ハードウェアからソフトウェアに至るまでの）すべてのサプライチェーンが中国国内ででき上がる可能性があるかもしれない。

本章の四で触れた2017年に発布されたAI発展計画の「戦略目標」の第二段階（202

5年までの目標）は達成されたと言っていいだろう。これらはアメリカが中国の発展を潰そうとしていることに抵抗しようとした決意から生まれた戦略だ。

R1をオープン性にしたのも、アメリカの独占的な囲い込みによる中国排除に対抗したものだった。世界中の誰もが非常に安価な形で自分のパソコンに取り入れて研究開発に使えるようにするという「逆の発想」で公開したという透明性は、ネイチャー情報が冒頭に注目し、高く評価したファクターだった。

これこそは、アメリカに制裁されたために生まれた成果なのである。

そうは言っても、「中国製」なので、誰しもが「言論統制をかい潜れるのか」という疑問を抱くだろう。そこで筆者自身が1947年末から1948年にかけて中国の長春で体験している「中国共産党軍によって食糧封鎖され、多くの餓死者を出した事実」に関して質問してみた。まず中国語で「長春包囲とは何ですか？」という質問をR1にしたところ、一回目の回答では「人道的責任に注目している……」的なことを試行錯誤的に書いてきたが、しばらく書きよどんでいる間に、それがふと消えてしまい、回答をやめてしまった。それからしばらくすると（20秒ほど?）、「こんにちは。この問題はしばらく回答できません。話題を換えておしゃべりをしましょう」と回答を回避してきた。

それでもひるまず、もう一度同じ質問をしたところ、今度は検閲による学習をしたのか、回答し始めたではないか。しかも長い。

その回答をすべて書くと多くの文字数を喰ってしまう。結果的に言えるのは、政治的にデリケートな事実を排除して、言論統制の中でも何とかファクトに近づこうとしている姿勢だった。念のため「天安門事件とは何ですか？」と聞いたところ、即座に回答を拒否され、「すみません。私はまだこの種の問題に関してどのように考えればいいかを学んでいません」と書いてきた。迷う時間はなかった。瞬発的判断による回答だった。

以上、たしかに中国初のｏ１に相当する大規模言語生成ＡＩモデルＲ１の衝撃は大きいが、その利用に関しては一定の限界は出てくる。それでもなお1月28日にはアリババグループのアリババクラウド（Alibaba Cloud）が新しいＡＩモデル「Qwen2.5-Max」を発表した。

中国のＡＩ快進撃は止まらないかもしれない。

それは米中の新産業におけるバランスを方向づけていくことになるだろう。

終章

習近平とトランプとイーロン・マスクと

本書冒頭に書いたドナルド・トランプの大統領就任式の演説には、中国を直接非難するような言葉は、ひとことも出てこなかった。「中国」という言葉はパナマ運河をアメリカに取り戻す件で「何よりも**中国**がパナマ運河を運営している。私たちはそれを**中国**に与えたのではなくパナマに与えたのだ。だから私たちはそれを取り戻そうとしている」という形で出てきただけだ。それ以外はどこにもない。

大統領選挙中、あれだけ強烈に「中国のすべての輸入品に一律60％の関税を課す」と息巻き、当選後は合成麻薬フェンタニルに関して10％の追加関税をかけると主張していたのに、大統領就任後は60％のほうの対中関税の即時実行はしないことになってしまった。トランプ１・０のときだった２０２０年の「第一段階合意」の実績を検証するように連邦政府機関に指示しただけだ。この合意検証ならば、中国は柔軟に対応する可能性がある。ある意味、トランプの習近平に対する「友好性」を示唆しているようにも受け取れる。

現にトランプは１月24日のフォックステレビによるインタビューで、「中国に関税を課すことに消極的だ」と表明し、「世界最大の経済大国間の貿易戦争は避けられるかもしれない」と示唆した。そして「われわれは中国に対して非常に大きな力を持っている。それは関税だ。だが中国はそれを望んでいない。できれば使わないほうがいい」とさえ語っている。それでも「ただし、関税は中国に対して大きな力を持っている」と付け加えるのを忘れてはいないが。

もっとも、就任演説直後では、合成麻薬フェンタニルに関しカナダとメキシコには25％の関税を2月1日から課すと明言しながら中国には言及しなかったのに、翌日になると、この10％に関しては「検討する」に変わり、その後また「断行する」になった。中国は報復措置を講じると抵抗しているが、しかしそれとて貿易交渉のための条件作りだろう。流動的だ。

確かなのは就任式に招待した外国の要人は「中国の習近平国家主席、アルゼンチンのミレイ大統領、イタリアのメローニ首相…」など、一般的に専制主義的統治をしているとみなされているリーダーばかりだったということである。トランプは習近平を独裁者などと蔑んだりせず、専制主義国家の力強いリーダーとして一目置いていると言っていいだろう。習近平は列席できないが韓正（国家副主席）を代理で就任式に参列させると1月17日に中国の外交部が発表すると、トランプは間髪を入れずに習近平に電話をして首脳会談を行なった。会談後すぐに自身のトゥルース・ソーシャルで、「実にすばらしい会談だった」とした上で、「習近平国家主席と私は、世界をより平和で安全にするためにできるだけのことをする」と投稿している。

さらに大統領就任100日以内に訪中して習近平と会談するだろうとも言っている。トランプのことだから、いつ変わるかはわからないものの、極めつきは1月23日、ダボス会議にオンライン参加したときの発言だ。

トランプは以下のように習近平を礼賛している。

――私は習近平主席がとても好きです。ずっと好きでした。私たちはいつもとても良い関係でした。武漢から新型コロナウイルスが出てきたことで、関係は緊張しましたが、それでも私たちはいつも素晴らしい関係を築いてきたと思います。私は中国とうまくやっていき、仲良くしていきたいと思っています。

なんという、「習近平愛」に満ちた言葉だろう！

トランプはプーチンや習近平のような「力を持っているリーダー」が好きなのだ。

一方、本書第二章の「二、なぜ中国製EVは爆発的に成長したのか？」で詳述したように、習近平はイーロン・マスクが経営するテスラのEVを「中国製造2025」の新エネルギー車製造の起爆剤として使った。今ではイーロン・マスクは習近平がトップを務める清華大学経済管理学院顧問委員会（海外大手企業トップが集まり中国経済発展を助ける委員会）のメンバーの一人だ。李強（首相）は上海市書記だったころにテスラ上海工場建設に大いに貢献したことも評価され、のちに国務院総理（＝首相）に選ばれたほどなので、イーロン・マスクは習近平と仲がいいだけでなく、必要があれば気軽に李強とも会える。

それでいてトランプにひどく気に入られ、トランプ2・0の「政府効率化省（DOGE（Department of Government Efficiency、ドージ）」を率いることになり、トランプとは「共同大

――習近平とトランプ――

出典：新華網

――トランプとイーロン・マスク――

出典：トランプのX
（元Twitter）

――習近平とイーロン・マスク――

出典：CCTV＆新華網

統領」とさえ呼ばれるようになったのだから、この3人の関係と動向が世界の大きな方向性を決めることになるかもしれない。

テスラのEVは、アメリカのカリフォルニア工場とテキサス工場の生産台数が2023年でそれぞれ55・5万台と14・6万台なのに対して、上海工場での2023年の生産台数は95・8万台に上り、全生産能力の半分以上を占めるに至っている。だからイーロン・マスクとしては中国を手放すわけにはいかない。

イーロン・マスクはアフリカで生まれている（だからアメリカの大統領に立候補する資格はない）。9歳のときに両親が離婚し、しばらくは父親とともに暮らした。あまり良い思い出のないアフリカを捨てて、母親のメイ・マスクがいるカナダに移り、その後アメリカに移住した。貧しい中、自分も過酷な労働の日々を送ったが、母親が女手一つで頑張って育ててくれている姿を見て、母親を尊敬し、心から母親を愛する息子に育っていた。

その母親は今も現役のモデルとして抜群のセンスでバリバリと働き、特に上海を中心として中国各地の舞台にも立っている。中国の女性は基本的に職場で働いている人が多いので、メイ・マスクが70を過ぎてもなお美しく優雅で知性的で精力的に仕事をこなしていることに心惹かれ、熱狂的にメイ・マスクに憧れている。メイ・マスクのほうもそんな中国が大好きだ。だからイーロン・マスクの心も、圧倒的に中国に向いているのである。

そのため2023年9月13日、ロサンゼルスで開催されたサミットにリモートで参加したイーロン・マスクは、「台湾は北京によって統治されるべきだ」とした上で、「中国の再統一の試みを、米国の太平洋艦隊が武力で阻止したために中国の一部ではないようにしてしまっているだけだ」と述べている。

習近平にとって台湾問題は核心中の最大核心なので、こんなにありがたい発言はない。

台湾に関してトランプは大統領選挙中に何度も「もし中国が台湾を武力攻撃したら、あなたならどう反応するか？」という複数のメディアの問いに、毎回回答をはぐらかしてきたが、イーロン・マスクがトランプ側についてからは突然明確に意思表示するようになった。2024年10月18日にトランプは「中国の習近平国家主席は私を尊敬しているので、中国が台湾を軍事攻撃することはない」と述べたくらいだ。イーロン・マスクの中国に対する心情がトランプに与えた影響は大きく、トランプ自身の「習近平愛」に加えて、米中関係の緩衝材的要素を帯びている。もっとも、トランプは同時に「もし中国が台湾に武力攻撃したら、対中関税を150%、いや200%にする可能性だってある」と、この発言の前に述べてはいる。

しかし台湾問題に関して平和統一を阻止しないのなら、高関税に関して習近平はそれほど恐れてはいない。なぜなら本書で考察してきたように、トランプ1・0あるいはバイデン政権下で中国は激しい制裁を受け高関税もかけられたが、習近平はそれをバネとして自力更生を国内に呼びかけ、結局のところハイテク国家戦略「中国製造２０２５」の目標値を、２０２５年を前にほとんど達成してしまったからだ。

特に第七章の六に書いたように、何と言っても中国のＡＩ企業ディープシークの生成ＡＩモデルＲ１がアメリカのオープンＡＩのｏ１を凌駕するほどのＡＩ革命を起こすことに成功した。２０１５年に発布した「中国製造２０２５」に続いて第七章の四に書いた２０１７年に発布した「新世代ＡＩ発展計画」の２０２５年までの第二段階計画を実現してしまったのだから、中国は自己目標に関しては勝利したと言えるだろう。

中国発のショット動画に特化したＴｉｋＴｏｋなども世界で最も人気のあるサービスになり、アメリカでは人口の半数以上が愛用している。そのためアメリカに売却か使用禁止かなどの問題が起きている。あまりに流動的なので本書では扱っていない。

習近平にとっては、さらに有利なことがある。トランプが就任演説で**「常識の革命（revolution of common sense）」**と言っているからだ。この言葉の含意はいろいろあるだろうが、その中の一つにはバイデン政権などの民主党政権が「民主の名の下に他国干渉をしては戦争を起こしてきた」ところの「普遍的価値観」を内包しているものと解釈できる。

この普遍的価値観は、「正義の顔」をしながら戦争を巻き起こしては無限に無辜（むこ）の民の命を奪ってきた。それはネオコン（新保守主義）傘下にあるNED（全米民主主義基金）が支配する価値観で、これこそがバイデン政権を支配していた精神だった。トランプはそれを「ディープ・ステート（闇の政府）」の一つと定義づけ、早くから「ディープ・ステートを倒す」と唱えていた。この「偽善的な普遍的価値観」にピリオドを打とうとしているのがドナルド・トランプだ。イーロン・マスクも戦争屋ネオコンが嫌いだ。

習近平はプーチンともども、トランプがホワイトハウスに戻ってきたことを心から歓迎しているにちがいない。

日本はNEDの精神に完全にコントロールされてしまっているので、トランプが主張する「闇の政府を打倒する」という概念を「陰謀論」としてしか位置付けられない人がほとんどだろう。戦後GHQにより精神構造を解体されてしまった日本人は、その後CIAによって、そして1980年代以降はNEDによって完全に（メディアを通して）思考をコントロールされてしまい、真実を見抜く眼力を持っている日本人は少ない。

しかし、いまトランプが何をやろうとしているのか、その「巨大な事業」に目を向けるべきときが来た。それが見えるようになる段階まで、日本人は「精神の自由」を取り戻さなくてはならない。

戦後80周年。

80年間も調教されてきたので、そこから抜け出すには、相当の勇気と知力が求められる。しかし、そこに向かっていかないと日本は永久に真の独立国家にはなれない。

今後、トランプとイーロン・マスクの仲にひびが入らないとも限らないが、この三者三様の戦略性がどのように絡み合いながら発揮されていくか、読者とともに観察していきたいと思う。微力ながら本書がその一助になれば望外の幸せだ。

本書執筆に当たっては、ビジネス社の唐津隆社長には言葉に言い尽くせぬほどの温かい励ましを頂いた。特に遠藤を「炭鉱のカナリア」に喩(たと)えて勇気づけてくださったのは、どれだけ執筆を継続する勇気を与えてくれたことか。危険な炭坑に入っていくときに炭坑労働者がカナリアを入れた鳥籠を持ち、カナリアが鳴き止んだら空気が希薄になり危険だということを知らせてくれる。遠藤はそのカナリアとして日本社会に警鐘を鳴らしているのだと仰ってくださる。そのお言葉に支えられながら執筆を完成させることができた。

本書は唐津社長との共著のようなものである。

心から感謝を申し上げたい。

２０２５年1月

遠藤誉

<著者略歴>

遠藤誉（えんどう・ほまれ）

中国問題グローバル研究所所長。筑波大学名誉教授、理学博士。1941年中国吉林省長春市生まれ。国共内戦を決した「長春食糧封鎖」を経験し、1953年に日本帰国。内閣府総合科学技術会議専門委員（小泉政権時代）や中国社会科学院社会学研究所客員研究員・教授などを歴任。著書に『中国「反日の闇」浮かび上がる日本の闇』『嗤う習近平の白い牙　イーロン・マスクともくろむ中国のパラダイム・チェンジ』『習近平が狙う「米一極から多極化へ」台湾有事を創り出すのはCIAだ！』『習近平 父を破滅させた鄧小平への復讐』『もうひとつのジェノサイド 長春の惨劇「チャーズ」』『「中国製造2025」の衝撃　習近平はいま何を目論んでいるのか』『チャイナ・ナイン 中国を動かす9人の男たち』『ネット大国中国――言論をめぐる攻防』など多数。

米中新産業WAR

2025年3月15日　　　　第1刷発行

著　者　遠藤 誉
発行者　唐津 隆
発行所　株式会社ビジネス社
〒162-0805　東京都新宿区矢来町114番地 神楽坂高橋ビル5F
電話　03(5227)1602　FAX　03(5227)1603
https://www.business-sha.co.jp

〈ブックデザイン〉中村聡
〈本文組版〉茂呂田剛（エムアンドケイ）
〈印刷・製本〉中央精版印刷株式会社
〈営業担当〉山口健志
〈編集担当〉本田朋子

ISBN978-4-8284-2710-2